KB246193

한국사 탐험을 이끌 선생님
꼼꼼한 질문쟁이
평강 공주 지수
미래의 역사학자
도도 왕자 재현

스케치를 담당할
오드리 혜리
촬영을 담당할
전설의 혹기사 영찬
엉뚱하고 덜렁대는
바보 온달 광현
MON
TUE
WED
THU
FRI
SAT

테마로 보는 우리 역사_ 전쟁

한국사 탐험대 5

웅진주니어

웅진주니어

테마로 보는 우리 역사 한국사 탐험대 5 | 전쟁

초판 1쇄 발행 2006년 3월 17일
초판 22쇄 발행 2011년 9월 23일

기획 | 지식탐험대 글쓴이 | 강응천 그린이 | 김태현 감수자 | 노영구
발행인 | 최봉수 총편집인 | 이수미 편집인 | 이화정 책임편집 | 한재준
디자인 | 여백 아트디렉터 | 정용기 디자인 | 석진희
마케팅 | 박창흠, 최재근, 이승아, 박종원, 신동익 제작 | 최서윤

임프린트 | 웅진주니어
주소 | 서울시 종로구 동숭동 199-16 웅진빌딩 2층
주문전화 | (02)3670-1570, 1571 팩스 | (02)747-1239
문의전화 | (02)3670-1586(편집) (02)3670-1018(영업)
홈페이지 | http://www.wjjunior.com

발행처 | (주)웅진씽크빅
출판신고 | 1980년 3월 29일 제 406-2007-00046호

이 도서의 국립중앙도서관 출판시도서목록(CIP)은 e-CIP홈페이지(http://www.nl.go.kr/cip.php)에서
이용하실 수 있습니다. (CIP제어번호 : CIP2006000391)

ISBN 978-89-01-05618-0 · 978-89-01-05077-5 (세트)

테마로 보는 우리 역사

한국사탐험대 5 전쟁

강응천 | 글 김태현 | 그림 노영구 | 감수

머리말

어린이는 궁금증 덩어리이다. 아침에 일어나서 잠자리에 들 때까지 만나는 모든 것이 궁금증의 대상이며, 그 가운데 커다란 부분을 차지하는 것이 역사이다.

옛날에는 어떻게 필요한 물건을 구했을까, 자동차가 없던 시절에는 어떻게 먼 길을 갔을까, 옛날 사람들은 무엇을 공부했을까…….

유감스럽게도 이처럼 다양한 주제에 대한 궁금증을 곰살궂게 풀어 주는 역사책은 많지 않았다. 대부분의 역사책은 고조선, 삼국, 고려, 조선으로 이어지는 왕조의 흐름으로만 역사를 정리해 왔기 때문이다.

『한국사 탐험대』는 역사를 이루는 여러 사실들을 시대 순으로 줄 세우는 것이 아니라, 국가, 문화, 교통 통신, 과학 등 다양한 주제의 역사를 깊이 있게 보여 주는 어린이 역사책 시리즈이다. 이 시리즈를 통해 어린이들은 현실의 삶 속에서 부딪히는 수많은 문제들, 수많은 궁금증을 깊이 있고 체계적으로 풀어 나갈 기회를 갖게 될 것이다.

이 시리즈에서 각 주제의 역사를 찾아 가는 '한국사 탐험대'는 우리 주위에서 흔히 볼 수 있는 어린이 다섯 명으로 이루어져 있다. 그들은 현실에서 생긴 궁금증을 가지고 역사 속으로 뛰어들어 역사 속 인물도 만나고 역사적 사건도 목격하면서, 각 주제별로 생생하고 깊이 있는 지식 탐험을 하게 된다.

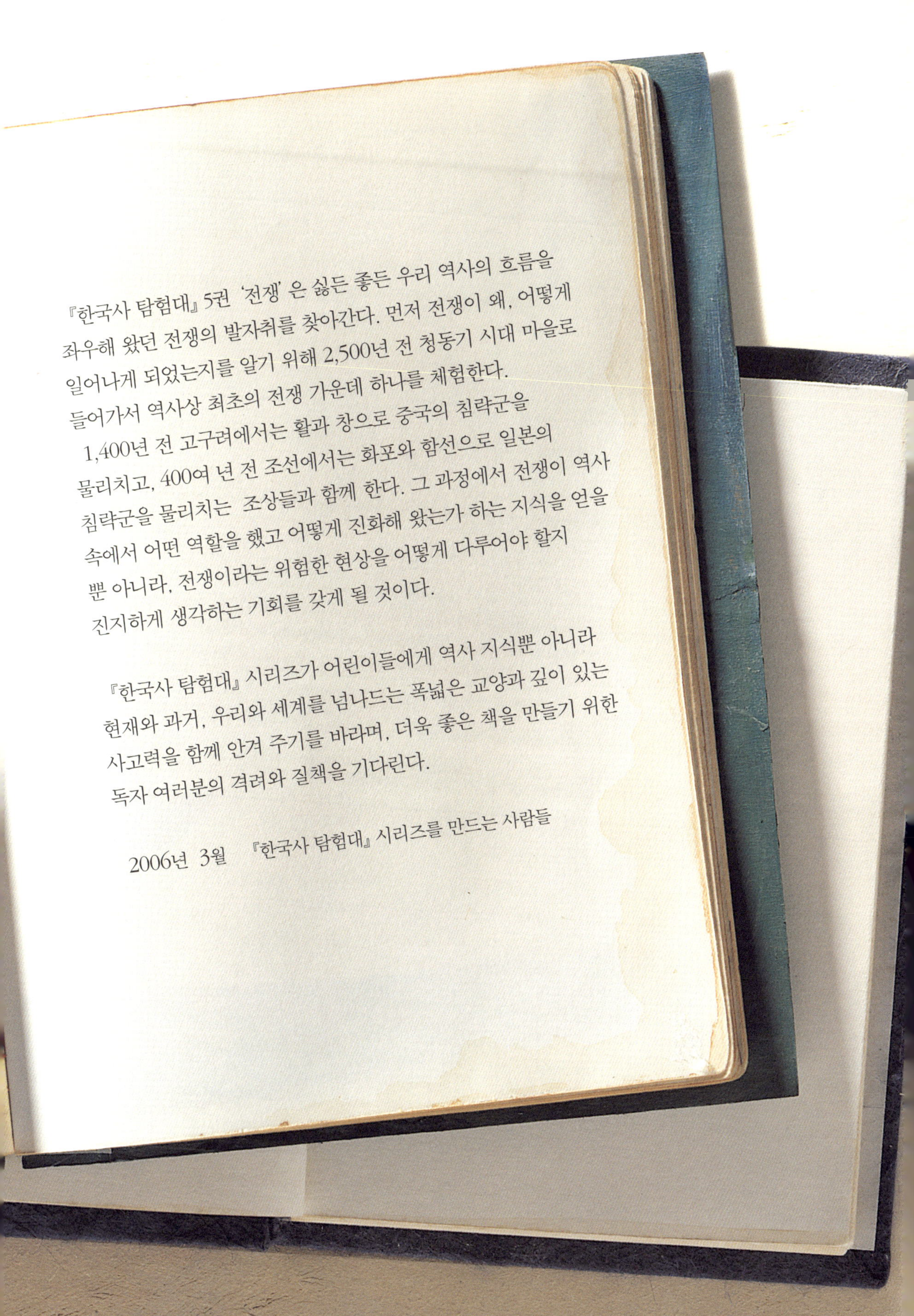

『한국사 탐험대』 5권 '전쟁'은 싫든 좋든 우리 역사의 흐름을 좌우해 왔던 전쟁의 발자취를 찾아간다. 먼저 전쟁이 왜, 어떻게 일어나게 되었는지를 알기 위해 2,500년 전 청동기 시대 마을로 들어가서 역사상 최초의 전쟁 가운데 하나를 체험한다.

1,400년 전 고구려에서는 활과 창으로 중국의 침략군을 물리치고, 400여 년 전 조선에서는 화포와 함선으로 일본의 침략군을 물리치는 조상들과 함께 한다. 그 과정에서 전쟁이 역사 속에서 어떤 역할을 했고 어떻게 진화해 왔는가 하는 지식을 얻을 뿐 아니라, 전쟁이라는 위험한 현상을 어떻게 다루어야 할지 진지하게 생각하는 기회를 갖게 될 것이다.

『한국사 탐험대』 시리즈가 어린이들에게 역사 지식뿐 아니라 현재와 과거, 우리와 세계를 넘나드는 폭넓은 교양과 깊이 있는 사고력을 함께 안겨 주기를 바라며, 더욱 좋은 책을 만들기 위한 독자 여러분의 격려와 질책을 기다린다.

2006년 3월 『한국사 탐험대』 시리즈를 만드는 사람들

| 목차 | – 옛 전쟁 탐험 일정

03 임진왜란 캠프 : 총은 전쟁을 어떻게 바꿨을까?

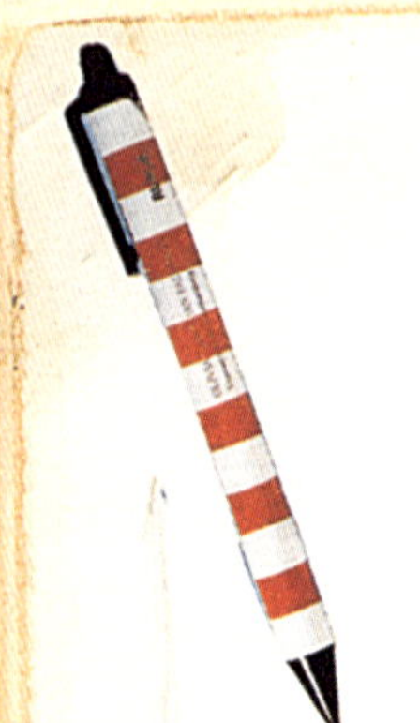

옛 전쟁 탐험을 떠나며

한국사 탐험대는 새로 개관한 국립중앙박물관의 어린이박물관에 모였다. 옛날 전쟁의 이모저모를 전시하는 곳에서 사람을 죽이는 데 쓰이던 무기와 장비를 보다가 문득 이런 생각이 들었다. 어른들은 분명히 전쟁은 나쁘고 평화를 지켜야 한다고 말하는데, 역사책에는 전쟁을 일으킨 사람들을 찬양하는 말이 아주 많다.

칭기즈칸
중세 몽고의 정복자.
중국과 중앙아시아, 동유럽을 휩쓸었다.

알렉산드로스
고대 마케도니아의 정복자.
그리스와 이집트, 서아시아를 통일했다.

알렉산드로스 대왕, 카이사르, 칭기즈 칸은 침략 전쟁을 일으켜 많은 사람을 죽였지만, 역사책에서는 그들의 업적을 입에 침이 마르도록 칭찬하고 있다. 마치 역사에서 전쟁은 피할 수 없는 것이고 그 전쟁에서 이긴 사람이 역사를 발전시킨다는 뜻 같다.

정말 그럴까? 사람들이 전쟁 없이 영원히 평화를 누리며 살 수는 없는 것일까?

카이사르
고대 로마의 정복자.
수많은 원정으로 로마 제국의 기초를 닦았다.

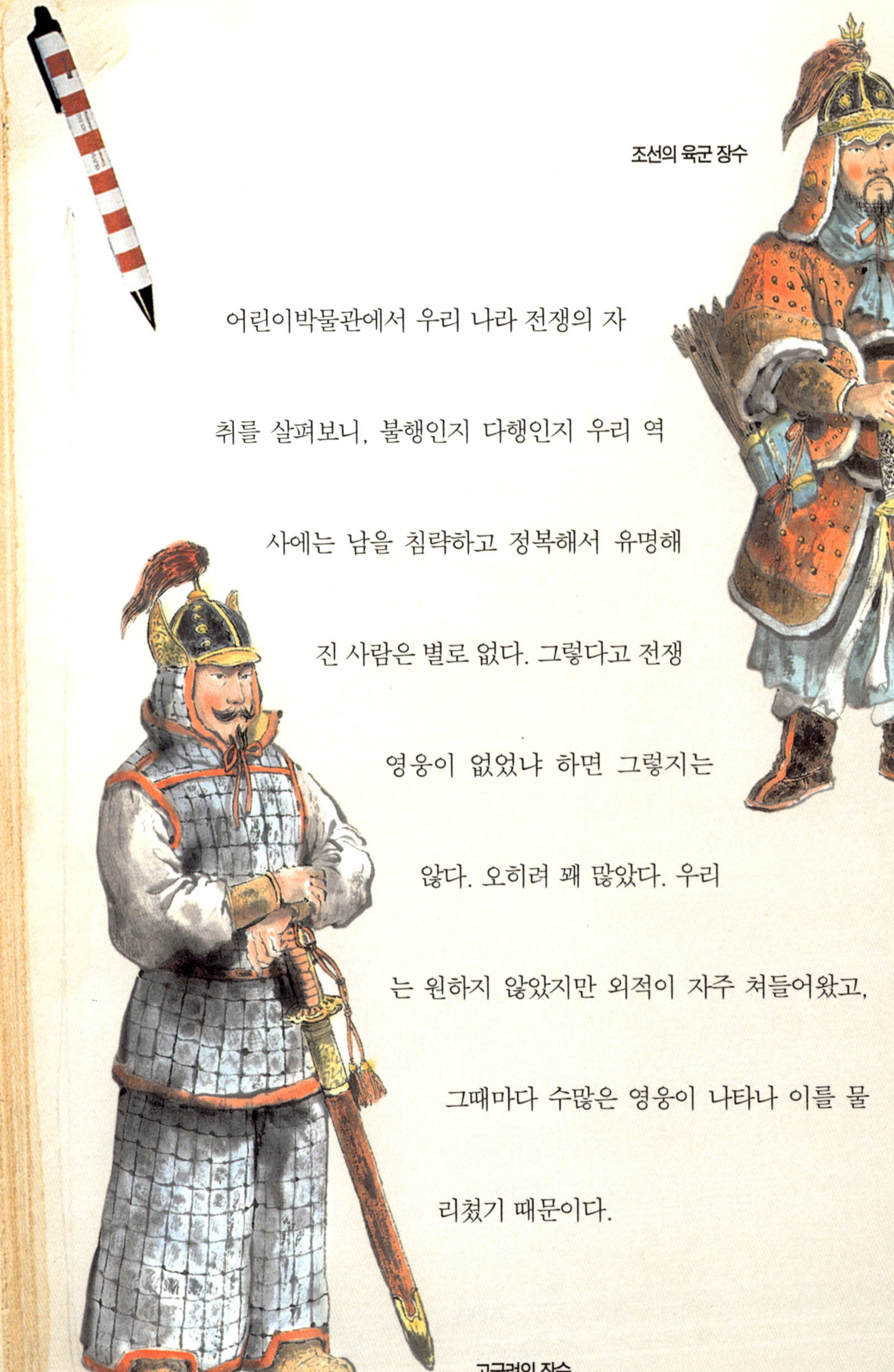

조선의 육군 장수

어린이박물관에서 우리 나라 전쟁의 자취를 살펴보니, 불행인지 다행인지 우리 역사에는 남을 침략하고 정복해서 유명해진 사람은 별로 없다. 그렇다고 전쟁 영웅이 없었냐 하면 그렇지는 않다. 오히려 꽤 많았다. 우리는 원하지 않았지만 외적이 자주 쳐들어왔고, 그때마다 수많은 영웅이 나타나 이를 물리쳤기 때문이다.

고구려의 장수

을지문덕, 강감찬, 이순신……. 이분들은 전쟁이 좋아서가 아니라 침략자로부터 나라를 지키기 위해 칼을 들었다. 그러니까 이분들은 전쟁 영웅이면서 평화의 수호신이다. 전쟁을 억제하고 평화로운 세상을 만들고 싶다면, 알렉산드로스 대왕보다 이순신 장군으로부터 배우는 게 더 많을 것이다.

전쟁의 위협으로부터 안전한 세상을 바라는 우리는 그분들이 침략자를 물리치는 현장으로 떠난다. 그분들이 지키는 옛날 전선과 평화를 향한 역사의 전진에 아무 이상도 없기를 기대하면서.

-'도도왕자' 재현

조선의 수군 장수

우리의 탐험은
여기서 시작됩니다.

국립중앙박물관 어린이박물관은 2005년 10월 28일 서울 용산구에서 문을 열었다. 집과 마을, 농경, 전쟁, 음악이라는 네 가지 주제를 연결하여 고대인의 삶을 되살려 보여 준다. 그곳에 복원해 놓은 충청 남도 부여군 송국리의 청동기 시대 움집에서 옛 전쟁 탐험은 시작된다.

01 초기 전쟁 캠프

_전쟁은 어떻게 시작되었을까?

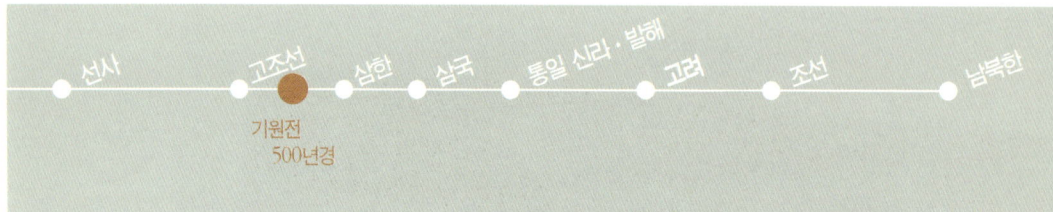

기원전 500년경 청동기 시대 마을 뒷산에서 침략군 척후병들이 마을 안을 정탐하고 있다.

기원전 500년경	하루 일정	작성자 : 도도 왕자 재현
	불타는 청동기 시대 마을을 가다	

국립중앙박물관의 어린이박물관에는 복원해 놓은 청동기 시대 움집이 있다. 충청 남도 부여군 송국리라는 곳에서 발견된 옛날 집터를 보고 추측해서 만든 움집이라고 했다. 또한 그곳은 우리가 청동기 시대의 송국리로 이동하는 시간 여행의 통로였다.

움집 안으로 들어간 지 얼마 안 되어 사방이 깜깜해졌다. 그리고 다시 밝아졌을 때 그곳은 더 이상 복원된 움집이 아니었다. 바닥이 흙으로 되어 있는 진짜 움집이었다. 짚으로 엮어 나무 기둥에 댄 문을 젖히고 밖을 내다보니 움집이 늘어서 있는 마을이었다. 눈 깜짝할 사이에 기원전 500년경의 송국리로 시간 이동을 했던 것이다.

선생님이 움집 안에서 설명을 시작하셨다.

"이제 우리 역사상 가장 오래된 전쟁 가운데 하나를 체험하게 된다. 이 시대에는 **여기 저기 흩어져 있던 마을이 서로 무기를 들고 싸우게 돼. 그리고 이긴 쪽이 진 쪽을 정복하고 세력을 키워 나가지.** 그리하여 부족 연맹체 같은 큰 정치 조직이 나타나고, 그런 연맹체가 더욱 커지면 고구려 · 백제 · 신라 같은 국가로 발전하게 되는 거야."

우리는 바짝 긴장을 하고 다시금 집 밖을 내다보았다. 마을을 둘러싼 방어용 울타리가 보이고, 울타리 사이사이로 마을 밖을 지켜보기 위한 망루가 설치되어 있었다. 망루와 울타리 부근에는 긴 창을 들고 활과 화살을 어깨에 멘 전사들이 왔다 갔다 하고 있었다. 매서운 눈매와 다부진 체격, 그리고 절도 있는 걸음걸이 등으로 보아 보통 젊은이들은 아니었다. 전쟁을 하기 위해 특별히 훈련 받고 많은 경험을 쌓은 직업 전사들이 틀림없었다.

청동기 시대의 전사

기원전 500년경 한반도는

만주와 한반도에서 청동기 시대가 시작된 것은 기원전 1000년경이었다. 이때부터 사람들의 생활은 확 바뀌었다. 신석기 시대부터 짓기 시작한 농사는 더욱 발달하여 생산량이 부쩍 늘었다. 전에는 모든 사람이 일하고 생산물을 똑같이 나누었지만, 이제는 일하는 사람과 그들을 감독하는 사람으로 나뉘었다.

남을 감독하는 사람은 생산물을 더 많이 차지했고, 살아서는 화려한 청동기, 죽어서는 고인돌 무덤으로 권력을 과시했다. 그리고 더 많은 재물, 더 큰 권력을 노리고 다른 마을과 전쟁을 벌였다. 그리하여 기원전 500년경에는 송국리를 비롯하여 울산 검단리, 경상 남도 진주시 남강변 등 곳곳에 큰 부족 연맹체가 등장하게 되었다.

이 평화로운 마을에 전쟁이?

움집 가운데 놓인 화덕에는 숯불이 타고 있었고, 한쪽 옆에는 말로만 듣던 민무늬 토기, 그러니까 무늬 없는 토기들이 놓여 있었다.
가운데가 불룩하고 밑이 홀쭉한 항아리가 있는가 하면, 접시나 컵처럼 생긴 작은 토기도 있었다. 어떤 토기는 붉은 색을 띠고 있는데 목이 좁고 몸통이 넓어 꼭 술병 같았다.

항아리처럼 보이는 토기들에는 곡식을 비롯한 음식물이 들어 있었다. 그 가운데 가장 눈에 띄는 것은 우리 시대 사람들이 먹는 것과 비슷한 쌀이었다. 송국리 마을은 금강 유역의 비옥한 땅에 자리 잡고 있기 때문에 일찍부터 쌀농사를 짓기 시작했다고 한다.

청동기 시대 마을은 왜 언덕 위에 자리 잡고 있을까?

우리 나라의 신석기 시대 마을은 고기를 잡기 쉬운 물가에 자리 잡고 있었다. 그러나 청동기 시대 들어 농사를 많이 짓고 마을 간의 다툼도 적잖이 일어나자, 사람들은 농사짓기에도 좋고 주변을 잘 살필 수도 있는 언덕 위에 마을을 이루고 살기 시작했다. 그래도 안심할 수 없어서 마을 주변에 울타리를 두르거나 큰 도랑을 팠다. 그리고 전문적인 훈련을 받은 전사들이 청동과 돌로 만든 무기를 들고 마을을 지켰다.

언덕 위의 송국리 선사 유적 전경

우리는 선생님을 따라서 움집을 나섰다. 약 50만 평의 아늑한 언덕 지대에 자리 잡고 있는 마을은 저녁 무렵의 햇살을 담뿍 받고 있어서인지 무척 아름다웠다. 마을 안을 가득 채우고 있는 집들이 백 채는 훨씬 넘어 보였다. 아름드리 나무들이 마을을 뒤덮고 있었고, 저녁 때가 다 되어서 그런지 집마다 밥물이 끓는 고소한 냄새가 새어 나왔다.

언덕 마을을 감싸고 있는 너른 들판에는 밭이 펼쳐져 있었고, 아직도 하루 일을 다 끝내지 못한 농부들이 보였다. 그 너머로는 사람인지 뭔지 알 수 없지만 수없이 많은 점들이 꿈틀거리고 있었다.

"우리, 전쟁 체험하러 온 거 맞아요?"

광현이가 이렇게 물어볼 정도로 평화로운 풍경이었다.

선생님은 아무 말 없이 마을을 둘러싸고 있는 나무 울타리를 가리켰다. 130~180 센티미터 간격으로 굵직굵직한

통나무를 박고 그 사이를 잔가지로 이어 만든 울타리가 넓은 마을을 둘러싸고 있었다.

"이 마을이 그냥 평화롭기만 하다면 왜 이렇게 힘을 들여 높은 울타리를 만들었겠니?"

선생님 말씀을 듣고 보니 정말 그랬다. 마을 안에 있는 집은 경기도 용인의 민속촌에서 본 조선 시대 초가집과는 달리 담장이나 울타리가 없었다. 그러나 마을을 둘러싼 울타리는 제법 높고 삼엄했다. 그것은 이 마을 사람들이 바깥 세상의 위협으로부터 지킬 것이 있다는 뜻이었다.

바로 그때였다. 어디에선가 휘파람 소리가 연달아 들리는가 싶더니 밭에서 일하던 농부가 푹 고꾸라졌다. "악!" 하는 비명과 함께 밭에 있던 사람들이 마을로 급히 뛰어 왔다.

그와 동시에 밭 너머에서 꿈틀리거리는 점처럼 보였던 것이 일제히 마을 쪽으로 다가오기 시작했다. 자세히 보니 사람들이었다. 그것도 활이나 칼로 무장한 군인들이, 말을 타고 청동 검을 찬 지휘관을 중심으로 질서정연하게 진군해 오고 있었다. 휘파람 소리는 그들이 쏜 화살 소리였고, 농부는 그 가운데 하나를 맞고 쓰러졌던 것이다.

송국리의 토기
긴 달걀 모양의 예쁜 몸통, 편평한 바닥의 작은 굽이 특징이다. 청동기 시대를 대표하는 남한 지역의 토기로 꼽힌다.

| 송국리 청동기 마을의 두 가지 집 |

충청 남도 부여군 초촌면 송국리 선사 유적지는 남한의 대표적인 청동기 시대 마을 유적 가운데 하나. 이곳에는 두 가지 모양의 집터가 남아 있다. 하나는 바닥이 네모난 집터, 또 하나는 바닥이 둥그런 집터이다.

원주민이 살던 네모난 집

바닥이 네모난 집터(오른쪽)는 대부분 불에 탄 모습으로 발견되었다. 아래 사진처럼 불에 탄 쌀도 나왔다. 침략군의 손에 불탄 모양이다.

침략 집단이 들어와서 지은 둥근 집

바닥이 둥그런 집터(왼쪽)에서는 아래 사진 같은 돌칼이나 돌살촉 등 날카로운 석기가 많이 발견되었다.

전쟁은 단순한 약탈이 아니다

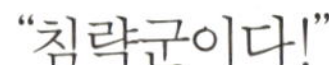

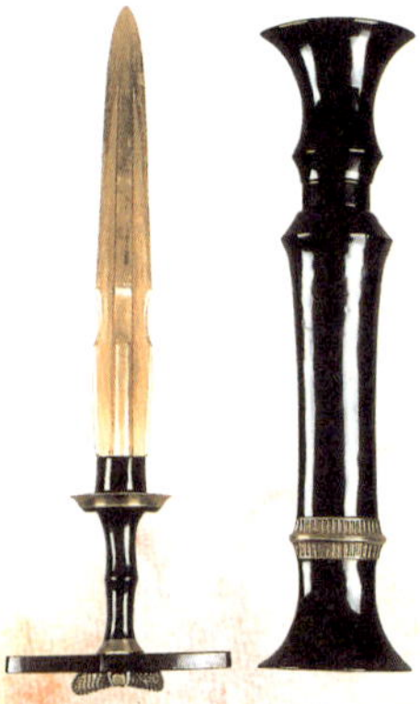

"침략군이다!"

누군가 외치자 평화롭던 마을은 순식간에 아수라장이 되었다. 울타리 곳곳에 설치된 망루에서 북소리가 울렸고, 집집마다에서 남자들이 활과 창과 방패를 들고 뛰어나왔다. 그들은 곧 대오를 갖추어 일부는 울타리를 따라 늘어서고, 일부는 울타리 밖 능선에 나가 적을 맞아 싸울 태세를 갖추었다.

"전쟁이 시작된 거야. 이쪽으로 오거라."

우리는 겁에 질려 사시나무 떨 듯 떨면서 선생님이 이끄시는 대로

청동 검
전투용 무기인 동시에 지배자의 권위를 상징하는 도구였다. 길이 49센티미터.

마을 뒤쪽으로 갔다. 뒷문을 빠져나갈 때쯤에는 이미 전투가 시작되었는지 요란한 함성 소리와 함께 칼과 창이 부딪히는 소리가 들려왔다.

"마을 뒤에 있는 야산으로 가면 안전해!"

선생님은 우리를 격려하느라 힘 있게 말씀하셨지만, 지도를 펼쳐드는 선생님의 두 손은 덜덜 떨리고 있었다.

우리는 한참을 헤맨 끝에 가까스로 마을 뒷산에 오를 수 있었다. 산속에 천막을 친 다음 가까운 바위에 올라 마을을 내려다보니 끔찍한 모습이 펼쳐지고 있었다. 평지를 가로질러 간 침략군은 이미 울타리 앞의 방어선을 돌파한 뒤 마을 안으로 밀려들어가고 있었다. 울타리를 비롯하여 집과 곳간에 불이 붙었고, 일방적으로 밀린 마을 사람들은 침략군을 피해 이리저리 도망가고 있었다.

"저 사람들은 왜 평화로운 마을을 쑥대밭으로 만드는 거예요?"

나는 눈앞에서 벌어지는 참혹한 광경 때문에 저절로 두 주먹을 불끈 쥐며 물었다.

"평화롭고 잘 사는 마을이니까 뭔가를 빼앗으러 왔겠지."

선생님도 애써 흥분을 가라앉힌 듯 목소리가 가볍게 떨렸다. 하지만 선생님의 설명은 이해가 되지 않았다. 뭔가를 빼앗으러 왔다면서 저렇게 막무가내로 죽이고 불태우면 도대체 무엇이 남는다는 말인가?

"저렇게 한 마을을 깡그리 파괴하면서까지 얻으려 하는 게 뭐겠니?"

선생님은 마치 우리 마음을 읽기라도 한 듯 그렇게 말하며 마을 앞에 펼쳐진 밭을 가리켰다. 곡식이 익어 가는 들판을 바라보니 선생님 말씀을 알 것 같았다. 그리고 움집 안의 토기에 가득 담겨 있던 쌀이

청동기 시대 화살촉 만드는 법

단단한 돌을 얇게 깨뜨린 다음 숫돌에 갈아서 화살촉을 만든다.

화살촉을 화살대에 끼운다.

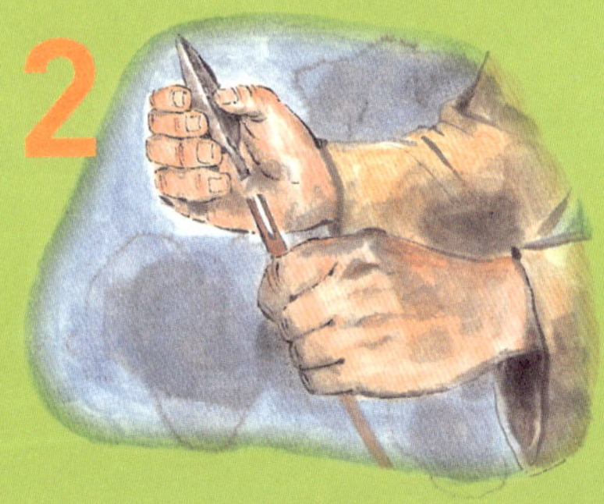

떠올랐다.

그래! 우리 시대에도 굶는 사람들이 있는데, 2,500년 전인 그 시대에 식량을 확보하기란 그리 쉽지 않았을 것이다. 침략군은 바로 그 마을의 식량을 노렸던 것이 틀림없다.

"그럼 저 사람들은 빼앗은 식량을 들고 다른 곳으로 떠나나요?"

영찬이가 묻자 선생님은 고개를 가로저으셨다.

"저 사람들이 그냥 떠나 버렸다면, 우리가 어린이박물관에서 보았던 둥근 바닥의 집터는 남아 있지 않았겠지?"

그 소리를 듣자 혜리가 발끈하며 일어났다.

"그럼 저 침략자들이 이제부터 저 마을에다 둥근 모양의 집을 짓고 살게 된단 말예요? 사람들이 저마다 좋아하는 모양의 집을 골라서 지은 게 아니라, 남의 집을 홀라당 태워 버리고 자기 맘대로 지은 거군요!"

물고기 내장을 끓여 만든 풀과 동물 심줄로 화살촉을 단단히 붙인다.

화살을 원하는 방향으로 보내게 해주는 새털 깃 두세 개를 화살대에 단다.

그랬다. 단순한 약탈을 전쟁이라고 부르지는 않는다. 정치적 조직을 가진 집단이 다른 집단을 정복하고 통합시키는 등 정치적 목적을 가지고 벌이는 싸움이 전쟁이다.

기원전 500년은 전쟁의 시대였다. 둥근 집자리 사람들은 평화롭던 네모난 집자리 마을을 점령하여 세력을 넓혔고, 이후로도 계속 정복 전쟁을 벌여 나갈 것이다.

그 무렵 세계는 전쟁 중

기원전 525년 페르시아는 막강한 군사력을 앞세워 이집트와 메소포타미아 지역을 통일했다. 그리고 작은 도시 국가들로 이루어진 그리스를 공격했다. 그러나 그리스는 용감히 싸워 기적에 가까운 승리를 거두었다. 그 후 그리스의 변방에 있던 마케도니아의 알렉산드로스 대왕은 페르시아를 멸망시키고 서양 세계를 하나로 묶는 대제국을 이룩했다(기원전 330년).

중국은 기원전 770년부터 500여 년 간 여러 나라로 나뉘어 싸우는 춘추 전국 시대를 겪었다. 이 시대를 마감하고 중국을 하나로 통일한 사람은 진시황이었다. 청동 검과 갑옷으로 무장한 진나라 기마 부대는 칠웅으로 불리던 일곱 나라를 제압하고 중화 제국의 시대를 활짝 열었다(기원전 221년).

그리스 중장 보병
스스로 장비를 마련해 나라를 지킨 평민 출신 보병들. 승리에 공헌한 대가로 민주주의를 이룩했다.

바닥이 네모난 집을 넓히면서 둥근 모양을 첨가한 것으로 보이는 경상 남도 진주시 대평리 선사 유적지 집터

흉노

스키타이

고조선

페르시아 제국

중국(춘추 5패)

인도

라비아

진나라 기마병
실물 크기의 진나라 전사 인형.
춘추 전국 시대를 끝내고 중국을 통일한 진시황의 무덤 부근에 묻혀 있다.

선사 · 고조선 · 삼한 · 삼국 · 통일 신라·발해 · 고려 · 조선 · 남북한

612~645년

02 수·당 전쟁 캠프

_총이 없을 때는 어떻게 싸웠을까?

10여 킬로미터 밖까지 쳐들어온 수나라 군대를 맞아 긴장감이 감돌고 있는 고구려 평양성의 모습.

| 첫째 일정_ 수나라를 물리친 살수 대첩
둘째 일정_ 당나라를 물리친 안시성 싸움 |

612년	첫째 일정	작성자: 도도 왕자 재현
	수나라군을 살수에서 물리치다	

청동기 시대 송국리 마을 뒷산에서 천막을 쳤던 우리는 불타는 마을을 바라보다 밤늦게 잠이 들었다. 이튿날 아침 잠에서 깼을 때 바깥은 더 이상 송국리가 아니었다. 중무장한 군사들이 왔다 갔다 하고 있는 그곳은 고구려 평양성이었다.

"자, 이곳은 612년 음력 7월의 평양성이다. 앞에서 국가가 탄생하는 과정에서 벌어진 전쟁을 보았지? 일단 국가가 생기면 국가들끼리 영역을 넓히는 전쟁을 벌인단다. 그 과정에서 중국 대륙을 통일한 거대 제국*이 나타나고, 만주와 한반도에도 고구려라는 강대국이 등장하게 돼. 이렇게 강한 국가들이

*제국
한 국가의 영역을 넘어 여러 국가를 지배하는 큰 나라.

7세기 초의 아시아

영역을 맞대자, 이전과는 비교할 수 없는 거대한 전쟁이 벌어지게 된 거야."

선생님 말씀대로 당시 중국의 통일 제국 수나라는 고구려를 침략하여 평양성 10여 킬로미터 밖까지 와 있었다.

천막 밖으로 나가자 위엄 있게 생긴 장수가 두 팔을 벌리며 우리를 환영했다.

"어서 오시오. 천손의 나라 고구려에 오신 것을 환영하오!"

그 사람은 우리 역사에서 두고 두고 기억되는 영웅 중의 영웅 을지문덕이었다.

고구려의 장군

| 6 1 2 년　고 구 려 는 |

광개토왕, 장수왕이 활약한 5세기는 고구려의 전성기였다. 당시 고구려 사람들은 자기 나라가 동북아시아의 중심으로, 중국과 맞먹는다고 생각했다. 그러다가 6세기 말에 수나라가 오랫동안 분열되어 있던 중국을 통일하자 두 나라 사이에는 전쟁의 기운이 감돌았다. 수나라는 전국에 동원령을 내렸고, 고구려는 돌궐과 동맹을 맺어 수나라의 침략에 대비하고자 했다.

정말 백만 대군이 쳐들어왔을까?

우리는 을지문덕을 따라 평양성을 돌아보기 시작했다.

장안성이라고도 불리는 평양성은 전체 둘레가 25킬로미터로 고려 시대의 개경과 맞먹는 규모였다. 그 길고도 긴 성벽을 따라 병사들이 물샐틈없는 경비를 펼치고 있었다.

"무서워요, 선생님!"

아까부터 잔뜩 긴장하고 있던 혜리가 못 참겠다는 듯 선생님에게 나지막한 목소리로 호소했다.

"무서워할 것 없어. 수나라군이 백만 대군이라지만, 평양성 앞에 진을 치고 있는 군사들은 30만 명 정도의 별동대(따로 보낸 부대)란다.

평양성 돌

평양성을 쌓으면서 성벽 돌에다 날짜, 책임자의 이름과 벼슬, 공사 담당 구간까지 표시했다. 평양성은 그만큼 치밀하게 쌓은 성이다.

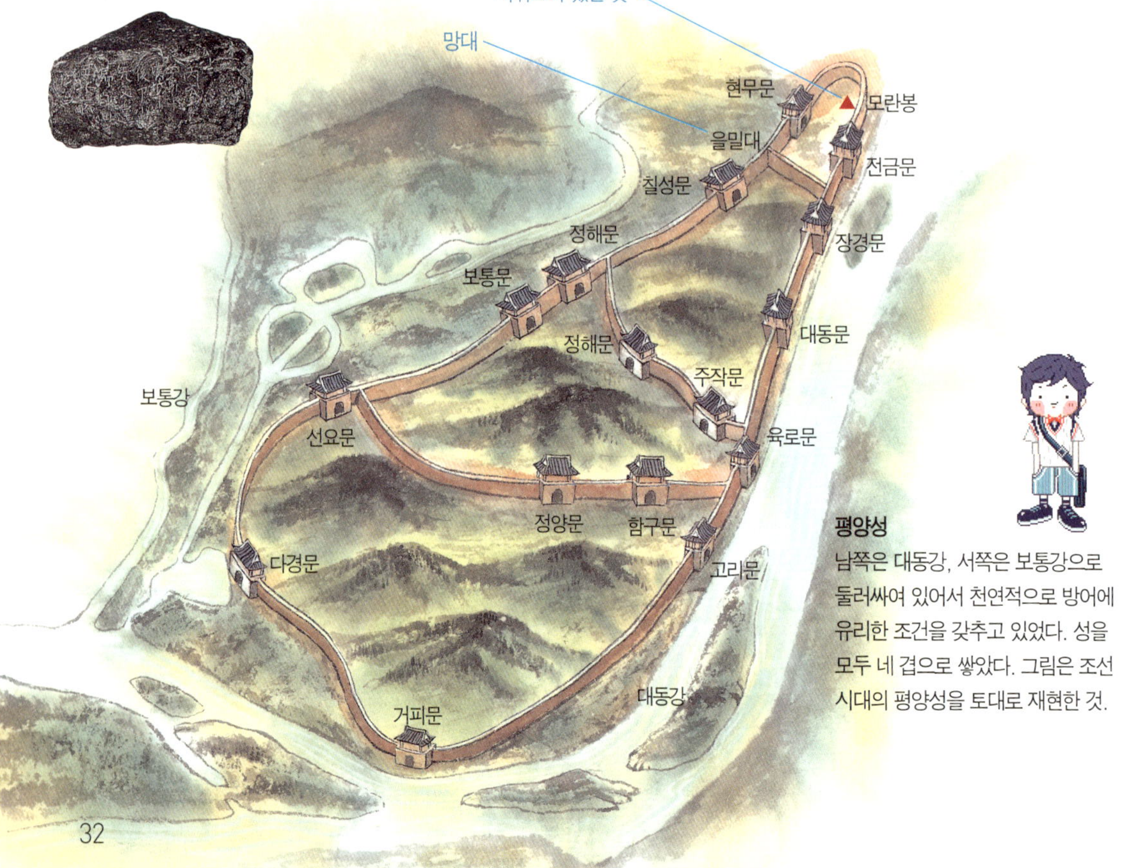

평양성

남쪽은 대동강, 서쪽은 보통강으로 둘러싸여 있어서 천연적으로 방어에 유리한 조건을 갖추고 있었다. 성을 모두 네 겹으로 쌓았다. 그림은 조선 시대의 평양성을 토대로 재현한 것.

나머지는 저 북쪽의 요동이란 곳에 있지."

하고 선생님은 혜리를 안심시키면서도 말끝을 흐렸다.

"물론 30만도 엄청나게 많은 숫자이긴 하지."

그 말을 들었는지 을지문덕이 옆에서 나직이 말했다.

"걱정하지 마시오. 수나라 군대는 대병력이지만 멀리까지 행군해 오느라 지칠 대로 지쳐 있소. 내가 두 눈으로 똑똑히 보고 왔소이다."

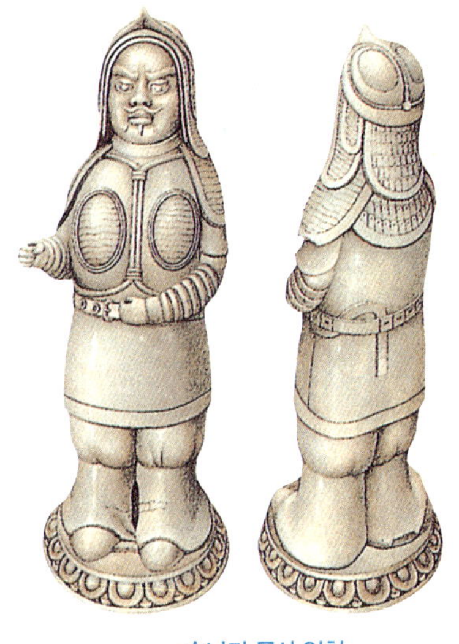

수나라 무사 인형
가죽에 쇠를 덧대어 만든 갑옷으로 무장하고 있다. 가슴을 보호하기 위해 댄 둥근 미늘 갑옷이 인상적이다.

그러나 혜리는 선생님과 을지문덕의 말에도 불구하고 어두운 표정을 풀지 않았다. 그리고는 우리한테만 속삭였다.

"무서운 것은 보이지 않는 수나라 군대보다도 눈앞의 고구려군인데……."

혜리뿐 아니라 우리 모두 고구려 군사들이 조금 무섭기는 했다. 물론 그 말은 고구려 군사들이 용맹스러워 보인다는 뜻이기도 했다.

"그런데 책에서 보긴 했지만 정말 백만 대군이 쳐들어왔나요? 혹시

백만 대군의 행진

고려 시대에 씌어진 역사책 『삼국사기』를 보면, 수나라의 고구려 원정에 참여한 수나라 군사는 모두 113만 3,800명이고, 군량을 나르는 자는 그 배에 이르렀다고 한다. 그 행렬이 960리에 걸쳤다고 하는데, 이것을 요즘 길이로 계산하면 400킬로미터가 넘는다. 그러니까 수나라 원정군이 경부고속도로를 행군한다고 가정하면, 그 행렬이 서울에서 부산까지 이어지는 셈이 된다.

무척 많다는 걸 그렇게 표현한 건 아닌가요?"

하고 광현이가 묻자, 을지문덕은 말없이 굳은 표정으로 고개를 가로저었다. 벌떼처럼 많은 침략군에 대한 분노와 걱정이 한꺼번에 밀려드는 듯한 표정이었다. 대답은 옆에 있던 장수가 대신 했다.

"나도 처음엔 믿지 않았단다. 그런데 직접 요동*에 가 보니까 그게 아니야. 수나라 군대가 벌판을 가득 메우고 행진해 오는데 도대체 끝이 보이질 않아. 수나라에서는 백만보다도 훨씬 많다고 선전하는데, 그 말이 맞을지도 몰라."

*요동은 만주에 있는 큰 강인 요하의 동쪽을 말한다. 요하의 서쪽은 요서이다. 당시 요동은 고구려 땅이고 요서 일부도 고구려 차지였다.

장수의 말에 따르면 수나라는 14년 전에도 고구려에 쳐들어온 적이 있지만, 실패하고 돌아갔다고 한다. 그래서 이번에야말로 기필코 고구려를 없애 버릴 작정으로 그 해(612년) 음력 1월, 대군을 출정시켰던 것이다.

"야, 그런 대군을 움직여야 한다고 생각할 만큼 고구려를 대단하게 본 거네요!"

영찬이가 소리를 질렀다. 그건 맞는 말이었다. 그때까지 그렇게 많은 군대가 한꺼번에 움직인

조선 시대에 안견이 그린 것으로 알려진 「적벽도」

적벽대전의 진실

적벽대전에서 조조가 자기 군대는 80만이나 된다면서 손권에게 항복을 권한 것은 허풍이었다. 또 조조 군대는 소설 『삼국지』에 나오는 것처럼 제갈량의 불 공격을 받고 진 것이 아니라 전염병 때문에 싸우지도 못하고 물러갔다고 한다.

삼국 시대, 남북조 시대, 그리고 수나라

삼국 시대 이후 북방의 다섯 이민족이 중국 북쪽으로 내려와 세운 열여섯 나라를 '오호십육국'이라고 한다. 이 나라들이 북위라는 한 왕조로 통일되어 남쪽의 송, 제 등과 나란히 있던 시기는 '남북조 시대'이다. 그 동안 한반도에도 삼국 시대가 펼쳐지고 있었다. 남북조를 통일한 것이 수나라였다.

남북조 시대에는 양쯔강 이남에서 상업이 발달했다. 말로 돈을 실어나르는 모습.

적은 없다고 한다. 소설 『삼국지』를 보면, 제갈공명과 조조가 맞붙은 적벽대전 때 조조의 군대가 백만 명 가까이 되었다고 나오는데, 실제로는 15만도 안 됐을 것이란다.

"너희들, 중국 한나라*가 우리 조상의 나라인 고조선을 멸망시켰다는 건 잘 알고 있지?" 하고 선생님이 말을 꺼내셨다.

"한나라가 망한 뒤 중국은 세 나라로 분열됐는데, 소설 『삼국지』는 바로 그때를 다룬 거야. 그 뒤로도 중국은 여러 나라로 갈라져 있었고 그 동안 고구려는 강국으로 성장했단다. 이제 수나라가 중국을 통일했으니까 고구려 같은 위협의 싹을 잘라 버리겠다고 마음먹은 거야. 옛날 한나라가 고조선을 그렇게 생각한 것처럼."

"그렇게 단단히 결심한 대군을 맞고도 지금(음력 7월)까지 버티고 있는 게 놀랍군요. 역시 고구려네요!"

이번에는 또 광현이가 소리쳤다. 그것도 맞는 말이었다.

*진시황이 죽은 뒤 진나라는 바로 망하고 한나라가 다시 중국을 통일했다. 약 400년 후 한나라가 망한 뒤 중국은 유비, 조조 등이 패권을 다투는 삼국 시대에 들어선다.

"우리는 이길 수밖에 없어."

하고 장수가 단호하게 말했다. 남의 나라에서 백만 대군을 언제까지나 움직일 수는 없는 노릇이었다. 수나라는 무더위가 오기 전에 평양성을 점령할 생각으로 정월에 중국을 출발했지만, 벌써 한여름이 지나고 있었다. 아무리 오래 버텨도 겨울이 오기 전에는 철수해야 할 터였다. 지든 이기든.

"물론 수나라군은 지고 갈 거야."

장수의 말에 우리는 힘껏 박수를 쳤다.

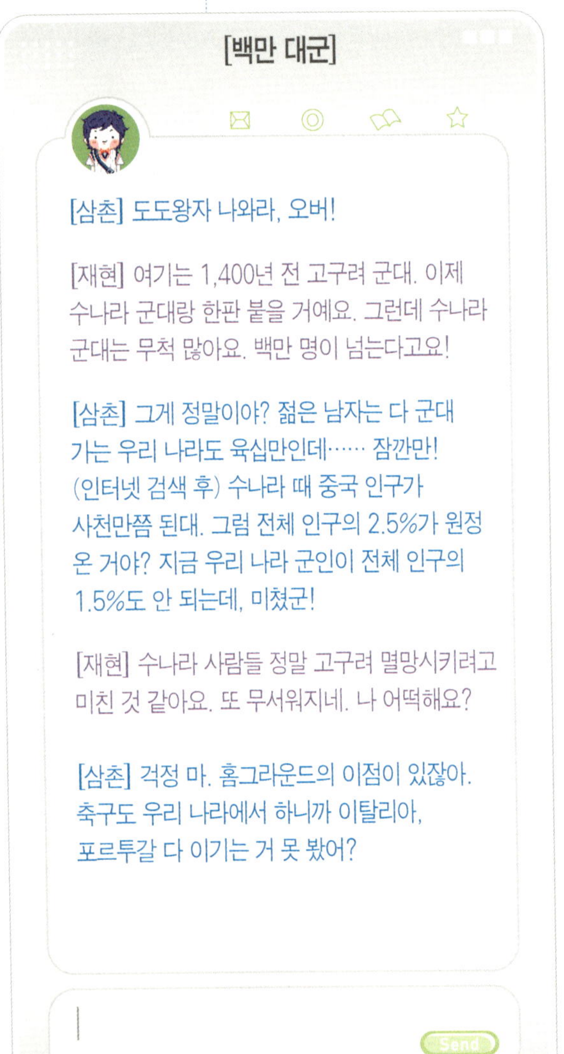

[백만 대군]
[삼촌] 도도왕자 나와라, 오버!
[재현] 여기는 1,400년 전 고구려 군대. 이제 수나라 군대랑 한판 붙을 거예요. 그런데 수나라 군대는 무척 많아요. 백만 명이 넘는다고요!
[삼촌] 그게 정말이야? 젊은 남자는 다 군대 가는 우리 나라도 육십만인데…… 잠깐만! (인터넷 검색 후) 수나라 때 중국 인구가 사천만쯤 된대. 그럼 전체 인구의 2.5%가 원정 온 거야? 지금 우리 나라 군인이 전체 인구의 1.5%도 안 되는데, 미쳤군!
[재현] 수나라 사람들 정말 고구려 멸망시키려고 미친 것 같아요. 또 무서워지네. 나 어떡해요?
[삼촌] 걱정 마. 홈그라운드의 이점이 있잖아. 축구도 우리 나라에서 하니까 이탈리아, 포르투갈 다 이기는 거 못 봤어?
Send

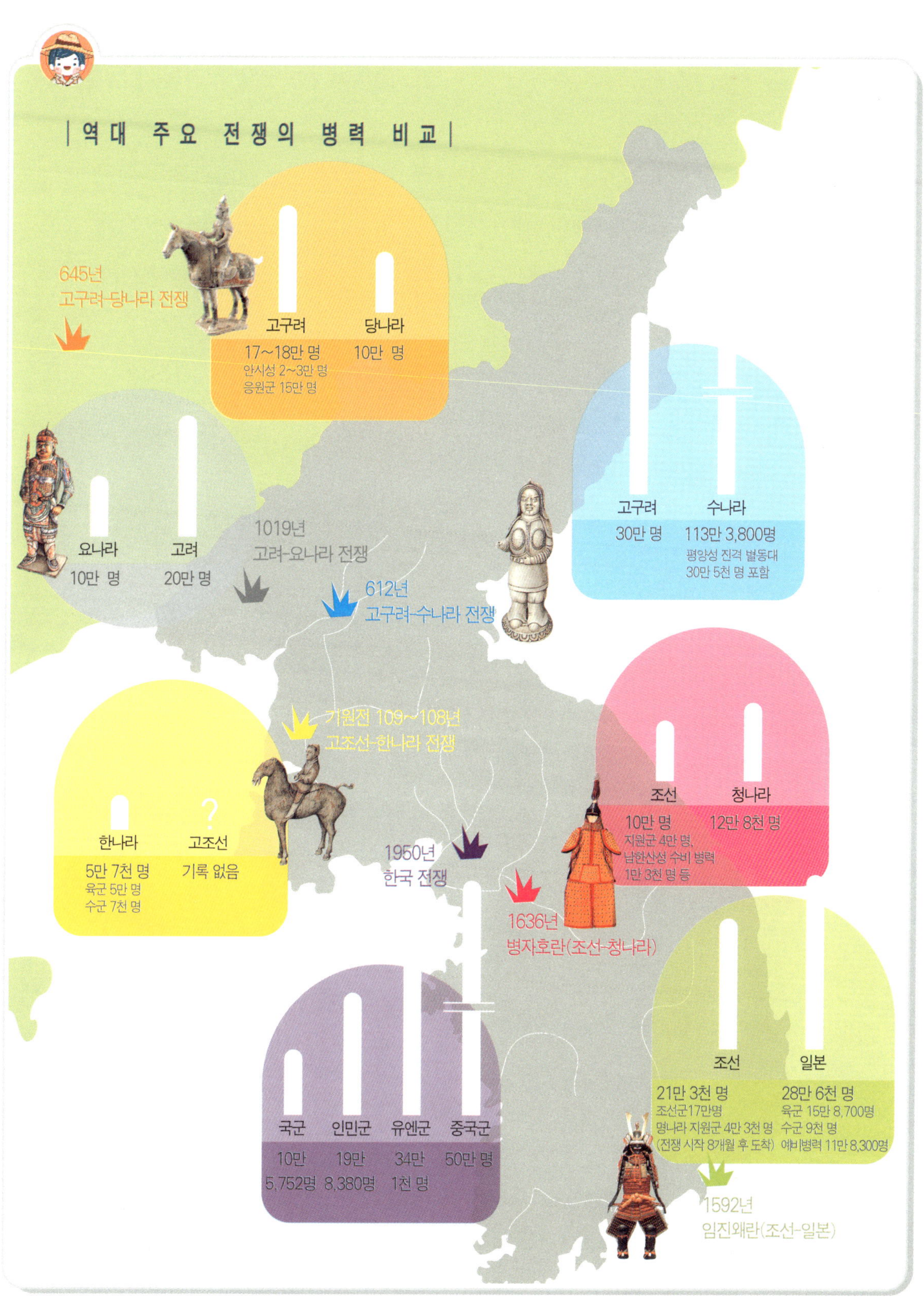

역대 주요 전쟁의 병력 비교
645년
고구려-당나라 전쟁
고구려
당나라
17~18만 명
안시성 2~3만 명
응원군 15만 명
10만 명
1019년
고려-요나라 전쟁
요나라
고려
10만 명
20만 명
612년
고구려-수나라 전쟁
고구려
수나라
30만 명
113만 3,800명
평양성 진격 별동대
30만 5천 명 포함
기원전 109~108년
고조선-한나라 전쟁
한나라
고조선
5만 7천 명
육군 5만 명
수군 7천 명
?
기록 없음
1636년
병자호란(조선-청나라)
조선
청나라
10만 명
지원군 4만 명,
남한산성 수비 병력
1만 3천 명 등
12만 8천 명
1950년
한국 전쟁
국군
인민군
유엔군
중국군
10만 5,752명
19만 8,380명
34만 1천 명
50만 명
1592년
임진왜란(조선-일본)
조선
일본
21만 3천 명
조선군17만명
명나라 지원군 4만 3천 명
(전쟁 시작 8개월 후 도착)
28만 6천 명
육군 15만 8,700명
수군 9천 명
예비병력 11만 8,300명

이 통계표의 병력 수는 대체로 전쟁 발발 당시 공식적인 병력을 표시한 것임.

일곱 번 싸워 일곱 번 진 장군

대동강이 한눈에 바라보이는 성벽을 따라 내려가다 보면 주작문에 이른다. 이 문을 지날 때 수나라 군대의 동정을 살피던 척후병으로부터 연락이 왔다.

"수나라 군영에 황제가 보낸 칙서가 도착하고 장수들이 중대한 회의를 시작했다고 합니다."

을지문덕은 척후병의 보고를 전하는 장수의 말을 듣고 말없이 고개를 끄덕였다. 예상했던 일이고 무슨 회의를 하고 있는지 다 안다는 듯 담담한 표정이었다.

수나라 군대의 형편을 살피기 위해 거짓 항복을 하러 간 을지문덕 (41쪽 참조)

"수나라 황제는 지금 어디 있어요?"

지수가 장수에게 물었다.

"요동성 부근에 진을 치고 있단다. 수나라 군대는 고구려의 요동성을 함락시키려고 별 짓을 다 하다가 실패했지. 그러자 별동대 삼십만을 여기 평양으로 보내고 황제는 요동에 남은 거란다."

그러니까 황제가 이끄는 군대는 요동 지방에 남아서 함락되지 않은 고구려 성들을 견제하고, 그 사이에 별동대를 보내 고구려 왕이 있는 평양을 바로 점령하겠다는 전략이었다. 별동대는 평양으로 진격하면서도 수시로 요동에 있는 황제와 연락을 주고 받으며 지시를 받았다.

"요동에서 평양까지는 꽤 먼 거리인데, 수나라 별동대는 아무런 저항도 받지 않고 여기까지 내려왔나요?"

영찬이가 묻자 을지문덕이 장난기 섞인 말투로 대답했다.

"그렇게 내버려 둘 순 없지. 막으려고 하루에도 일곱 번이나 전투를 벌였는데, 그때마다 지고 말았단다."

수나라를 세운 문제가 기우제를 지내는 모습

수나라는 어떤 나라일까?

수나라와 진시황의 진나라는 공통점이 있다. 오랜 세월 분열됐던 중국을 통일하고 대제국을 건설했지만, 오래 가지 않아 망했다는 것이다. 진나라를 이은 한나라, 수나라를 이은 당나라는 다 같이 오랫동안 커다란 제국을 유지하면서 중국 고대와 중세의 전성기를 이끌었다.

그 말을 듣고 우리는 의아했다. 천하의 명장이라던 을지문덕이 하루에 일곱 번 싸워 일곱 번 다 졌다고?

게다가 을지문덕은 한술 더 떴다. "그뿐인 줄 아니? 제발 좀 물러가 달라고 세 번이나 적진에 찾아가서 항복한걸."

기막히는 이야기였다. 을지문덕이 싸웠다 하면 지고 툭하면 항복할 생각이나 하는 겁쟁이였다는 말인가? 그때 이상한 낌새를 눈치 챈 지수가 항의를 했다.

"지금 저희들을 놀리시는 거죠?"

그러자 옆에 있던 장수가 씩 웃으며 우리를 막사 안으로 데리고 들어갔다. 그리고 문서 한 장을 꺼내 보여 주었다.

을지문덕 오언시 원문

神策究天文 (신책구천문)
妙算窮地理 (묘산궁지리)
戰勝功旣高 (전승공기고)
知足願云止 (지족원운지)

귀신 같은 꾀는 하늘의 이치를 통달했고
신묘한 셈은 땅의 이치를 꿰뚫었소.
전쟁에 이겨 공 이미 높으니
만족한 줄 알았거든 그만 두기를 바라오.

이 문서는 을지문덕이 적장 우중문에게 보낸 편지라고 한다. 얼른 보면 정말 상대방을 찬양하면서 제발 물러가 달라고 애원하는 항복의 편지 같았다. 그러나 잘 새겨 보면 지쳐 버린 적을 놀리는 뜻이

짧지만 화려했던 수나라 문화의 정수를 보여 주는 청동거울. 수나라군은 이 거울만큼 정교하게 고구려군의 작전을 꿰뚫어 보지는 못한 듯하다.

담겨 있다는 것을 알 수 있었다.

그 속뜻을 바로 알아챈 지수가 따지자, 장수는 그제야 정색을 하고 그동안 을지문덕이 펼친 심리전에 대해 설명해 주었다.

적의 별동대 삼십만이 압록강에 이르렀을 때, 을지문덕은 몸소 적진을 찾아 들어갔다. 그리고 수나라군에게 이렇게 제안했다.

"여기서 철수하면 고구려 왕과 함께 황제가 있는 곳까지 항복하러 가겠소."

수나라군은 이 제안을 놓고 고민하다가, 항복은 나중에 받고 계속 고구려를 공격하기로 결정했다고 한다. 물론 을지문덕이 정말 항복하러 들어갔던 것은 아니다. 그는 수나라 군대의 형편을 살피기 위해 스스로 첩자가 되어 적진에 갔던 것이다. 그리고 수나라 군대가 식량도 다 떨어져 가고 사기도 형편없다는 사실을 확인했다.

식량을 버리는 군사들

요동성이 함락되지 않아 보급로를 확보할 수 없었기 때문에 수나라 황제는 별동대에게 각자 100일치 식량을 짊어지고 가도록 했다. 도중에 버리는 사람은 엄벌에 처한다는 경고도 했다. 그러자 수나라 군사들은 무거운 식량을 아무도 모르게 땅 속에 파묻어 버렸다.

수나라 전사

자신감을 얻은 을지문덕은 수나라 군을 평양까지 끌어들여 완전히 지치게 한 다음 싸움을 벌이려는 작전을 세웠다. 그래서 싸움을 걸었다가 짐짓 못 이기는 척 후퇴하기를 하루에도 일곱 번이나 반복했던 것이다.

이렇게 수나라 군대를 평양까지 끌어들여 싸운 것은 이번이 처음이 아니라고 했다.

"지금 쳐들어온 수나라 군대는 원래 바다를 건너 온 자기네 수군(지금의 해군)과 만나 함께 우리를 공격하려고 했었지."

하고 장수가 말했다. 그런데 먼저 평양 가까이 왔던 수나라 수군 4만 명을 고구려군이 유인 작전으로 물리쳤다고 한다. 그때 평양성에서 적군과 맞서 싸운 책임자는 을지문덕이 아니라 고구려의 왕자인 고건무(훗날의 영류왕)였다. 고건무는 정예 병사들을 성안에 있는 절에 숨겨 둔 채 짐짓 후퇴하여 적을 안으로 끌어들였다. 승리감에 도취된 수나라 군대는 성에 들어와 닥치는 대로 부수고 빼앗았는데, 그 틈을 타서 절에 숨었던 병사들이 뛰어나와 그들을 전멸시켰다고 한다.

고구려 절터에서 나온 불상. 고구려군은 이 부처님께 승리를 빌었을 것이다.

전쟁에서 이기기 위한 속임수

을지문덕이 유인 전술로 수나라 군대를 속인 것처럼 전쟁에는 각종 속임수가 동원된다. 475년 고구려의 장수왕은 바둑의 고수였던 도림을 백제에 들여보냈다. 바둑을 좋아하던 백제의 개로왕은 도림의 실력에 반해 도림이 시키는 대로 왕성을 다시 지었다. 수많은 사람이 성 쌓는 일에 동원되어 원성이 높아진 사이, 고구려군이 한강을 건너 쳐들어가서 백제 도성을 함락시키고 개로왕을 죽였다. 이처럼 상대방을 속여 싸움을 유리하게 이끄는 전술로는 첩보 전술, 기만 전술 등이 있다.

첩보 전술

도림은 바둑이 가진 중독성을 이용하여 개로왕을 속였으니, 바둑은 제법 쓸모 있는 첩보 도구였던 셈이다. 사진은 1960년대 북한 무장 간첩의 첩보 장비.

기만 전술

전사들을 몰래 숨겨두었다가 침략에 성공한 이야기도 있다. 트로이 성을 10년 동안 공격하고도 함락시키지 못한 그리스군의 오디세우스 장군은 성 앞에 거대한 목마를 선물로 남겨 둔 채 군대를 철수시켰다. 트로이 사람들은 환호하면서 목마를 성안으로 끌어들여 놓고 밤새도록 술 마시며 즐겼다. 그때 목마 속에 숨어 있던 그리스 병사들이 빠져나와 성문을 열어 그리스군을 끌어들였고, 트로이는 정복되고 말았다.

트로이 목마는 사실 성벽을 공격하는 충차(65쪽 참조)였다는 이야기도 있다.

천하무적 고구려군

왕자 고건무가 고구려 군사를 숨겨 놓았다는 절 앞에 우리 일행이 다다랐을 때 군사 한 명이 급한 보고를 올렸다.

"수나라 군대가 철수하고 있습니다!"

지친 군사를 데리고 평양성을 공격할 엄두가 나지 않아 돌아가기로 결심한 모양이었다.

"방진*을 치고 움직입니다."

*방진(方陣: 모 방 줄 진): 병사들을 마름모꼴로 세우고 행군하게 하는 대형. 길 양쪽에서 있을 수 있는 매복 공격이나 저격에 대비하기 위한 대형이다.

척후병이 말하자 을지문덕은 고개를 끄덕였다.

"우리 군사들은 길목마다 숨어 있겠지?"

하고 을지문덕이 묻자 한 장수가 "옛!" 하고 우렁차게 대답했다.

그러자 을지문덕은 말에 오르면서 단호하게 명령을 내렸다.

"사면에서 공격하라!"

그리고 군사들과 함께 성밖으로 달려 나갔다. 우리는 고구려군이 제공한 말에 나누어 타고 그 뒤를 따라 달렸다. 후퇴하는 적의 삼십만 대군을 섬멸하는 장대한 추격전이 시작되었다. 을지문덕이 이끄는 고구려군의 주력 부대는 위풍당당한 모습으로 전진해 나갔다.

사람과 말이 다 같이 번쩍거리는 갑옷을 입은 기병 부대, 날렵하게 생긴 방패를 들고 긴 창을 비껴 든 보병 부대, 살벌한 도끼를 어깨에 메고 있는 도끼 부대 등이 질서정연하게 행군하는 가운데, 색색의 깃발을 치켜 든 의장대와 씩씩하게 나팔을 불고 북을 치는 군악대가 병사들의 사기를 돋우었다.

그렇게 나아가는 동안에도 시시각각 변하는 전투 상황이 들어왔다.

| 고구려군의 편제 |

북한 황해도 안악군에 있는 고구려 고분인 안악3호분의 벽화. 336년(고국원왕 6년) 고구려로 망명한 동수의 무덤이라고도 하고, 왕의 무덤이라고도 한다. 수레를 탄 무덤 주인의 주위를 완전 무장한 군대가 호위하고 있어서 고구려군의 편제가 잘 드러난다.

보병

중장 기병

군악대

궁수

수나라 군대는 대열이 흐트러지지는 않았지만 힘들어한다고 했다. 고구려군과 하루에 일곱 번 맞붙어 일곱 번 이길 때만 해도 그들 앞에 이런 운명이 기다리고 있으리라고는 상상도 못 했을 것이다.

"계속 공격하라! 살수(지금의 청천강)에서 적을 친다!"

을지문덕이 말했다. 살수! 역사책에서 보기만 했던 그 이름이 드디어 나왔다. 살수 대첩의 역사적 순간이 다가오고 있었던 것이다.

추격을 계속하던 고구려군은 어둠이 짙게 깔리고서야 북쪽이 잘 바라보이는 고지대에 진을 치고 야영을 했다.

고대 전사의 미늘 갑옷

우리도 따로 천막을 치고 선생님 주위에 모였다.

"고구려 군인들은 정말 멋있어요. 여기서도 젊은 남자들은 다 군대에 가나요?"

광현이가 묻자 선생님은 고개를 가로저으며 말씀하셨다.

"고구려에서는 전쟁터에 나가는 것도 특권이란다. 갑옷을 갖추어 입은 기병은 귀족 아니면 할 수 없어. 일반 백성은 군대에 가도 전투병을 도와주는 일이나 하지. 세금을 내지 않는 천민은 아예 군대에 갈 수도 없고."

뜻밖이었다. 우리 시대에는 특권층 자제들이 군대를 안 가려고 국적을 바꾸기까지 해서 문제가 되곤 하는데, 고구려에서는 오히려 군대에 가는 것이 특권층이나 할 수 있는 일이라니.

"고구려의 주인은 귀족이야. 그러니까 귀족들은 고구려를 지키는 일을 다른 계층에게 맡기지 않은 거지."

역사적 상황은 다르겠지만, 그런 고구려 귀족의 태도에는 대한 민국의 부유층과 특권층이 배울 점이 있지 않을까?

우리는 잠시 천막 밖으로 나갔다. 금방이라도 쏟아질 듯한 별들이 장관이었다. 선녀가 날아다니고 신선이 뿔나팔을 부는 고구려 고분 벽화의 별자리 그림이 저절로 생각났다.

삼국 시대의 군사 제도

고구려 귀족의 무덤에는 장막처럼 보이는 그림이 그려져 있다. 이것은 그 귀족이 살았을 때 전쟁터에 나가 야전에 쳤던 지휘부 막사를 신분의 상징처럼 그려 놓은 것이라고 한다. 삼국 시대의 귀족은 정사를 돌보는 관리이자 전쟁이 나면 직접 나가 싸우는 장수이기도 했다. 따라서 나라를 다스리는 정치 제도는 그대로 군사 제도였다. 빼어난 글재주를 지닌 을지문덕도 직업 군인이 아니라 재상이었다. 삼국은 귀족이 주인인 귀족 국가였고, 귀족에게는 자기 나라를 지켜야 할 의무가 있었기 때문이다. 이런 이치에 따르면 오늘날 대한 민국의 주인은 국민이므로, 모든 국민이 평등하게 국방의 의무를 지는 것이 당연하다.

장막

5세기 중엽 지금의 평안 남도 남포시에 만들어진 쌍기둥무덤의 안칸 벽화. 위에 장막이 그려져 있다.

살수 대첩 – 평지 전투는 이렇게 하는 것

고대의 말 장식

이튿날 아침 뿔나팔 소리와 함께 잠이 깼을 때 을지문덕은 이미 완전 무장을 갖춘 상태로 장수들과 작전 회의를 하고 있었다. 각자 무기를 손질하고 있는 무사들의 표정에서 결전이 다가왔다는 것을 알아차릴 수 있었다.

살수가 잘 내려다보이는 곳에 도착하자 강을 건너 후퇴하고 있는 수나라 군대가 한눈에 들어왔다. 을지문덕은 그 모습을 묵묵히 지켜보았다. 전날이 기나긴 행군의 날이었다면, 이날은 기나긴 기다림의 날이라고 해야겠다. 적은 대오를 갖추어 강을 건너고 있고 아군은 초조히 바라보고 있다. 그런데 장군은 아무 말도 하지 않았다. 그 피 말리는 상황은 겪어 보지 않은 사람은 모를 것이다.

수나라 별동대가 절반쯤 강을 건넜을까, 드디어 을지문덕이 팔을 번쩍 들었다. 고구려 군사들은 일제히 함성을 지르고 북을 울리며 진격했다. 강을 건너던 수나라 군대의 맨 뒤에서 고구려군을 경계하고 있던 부대가 전열을 가다듬고 전투 태세를 취했다. 수나라 군대의 안전한 후퇴를 마지막까지 책임 질 이 부대의 지휘관은 신세웅이라는 장수였다.

창을 길게 꼬나든 고구려 기병이 선두에서 달리고, 뒤에서는

궁수의 사격 대형
첫 번째 열은 사격, 두 번째 열은 조준을 하고, 마지막 열의 궁수는 준비를 하고 있다.

궁수들이 화살을 쏘며 엄호했다. 머리에서 발끝까지 투구와 갑옷, 강철 스파이크로 무장한 기병은 4미터가 넘는 긴 창을 들고, 자신과 똑같이 중무장한 말과 함께 적진으로 내달렸다. 사람과 말이 쓰고 있는 무장은 합쳐서 130킬로그램은 너끈히 나간다고 했다.

고구려 기병들이 사정권에 들어서자 수나라 진영에서는 화살을 비오듯 날려 보냈다. 보통 화살이 날아가는 거리는 90미터 정도라고 한다. 서로 마주보고 있는 군대 사이의 거리를 200미터라고 치자. 그러면 공격하는 기병은 쏟아지는 화살 비를 감당하며 그 거리를 달려야 한다. 그 사이에 궁수는 돌진하는 기병을 쏘아 맞춰야 하고, 기병은 화살 세례를 피해 적진으로 뛰어들어야 한다.

중무장을 한 중장 기병이 돌진하는 동안, 갑옷을 입지 않은 경기병은 옆에서 이들을 지원했다. 경기병은 비호 같이 빨랐고, 활솜씨도 빼어났다.

평양의 덕흥리 고분 벽화

달리면서 몸을 돌려 활을 쏘는 고구려인

이런 자세를 취하려면 말을 탄 채로 발을 끼워 고정시킬 수 있는 등자(오른쪽 아래)가 있어야 한다. 이러한 등자는 서기 원년을 전후해 우리 나라에 들어왔다. 고대 로마에서는 등자가 없었기 때문에 이런 자세가 불가능해서, 말을 직접 타는 것보다는 말이 끄는 전차를 애용했다. 고대 이란 왕국인 파르티아 기병들이 이런 자세를 선보였기 때문에 서양에서는 이런 활쏘기 자세를 '파르티아 자세' 라고 한다.

"전투의 승패는 대형에 달려 있어. 적의 수비 대형을 허물어야 해! 그러면 이길 수 있고 그러지 못하면 적은 안전하게 후퇴할 수 있어!"

두 나라 군대가 대형을 갖추어 충돌하는 모습을 보면서 선생님이 소리치셨다. 하늘을 까마득히 덮으며 날아다니던 화살이 뜸해지면서

상황은 아군에 유리하게 흘러가는 것 같았다. 고구려 기병이 적진 깊숙이 들어가 싸움을 벌이기 시작했고, 뒤에 있던 보병도 함성을 울리며 적진으로 내달렸다. 벌판은 두 나라 군사가 뒤엉켜 싸우면서 일으키는 모래 먼지로 부옇게 뒤덮였다.

중국 지린성의 세칸무덤 벽화

얼마나 지났을까? 누군가 전장 한복판에서 외쳤다.

"적장 신세웅이 죽었다!"

그러자 고구려군은 와 하는 함성을 올리며 더욱 거세게 적을 몰아붙이기 시작했다. 수비를 맡았던 신세웅 부대가 장수를 잃고 허물어지자, 강을 건너던 수나라군 전체의 대오도 단숨에 흐트러졌다. 그들은 들판을 방황하는 토끼처럼 이리저리 뛰어 도망가기 시작했다.

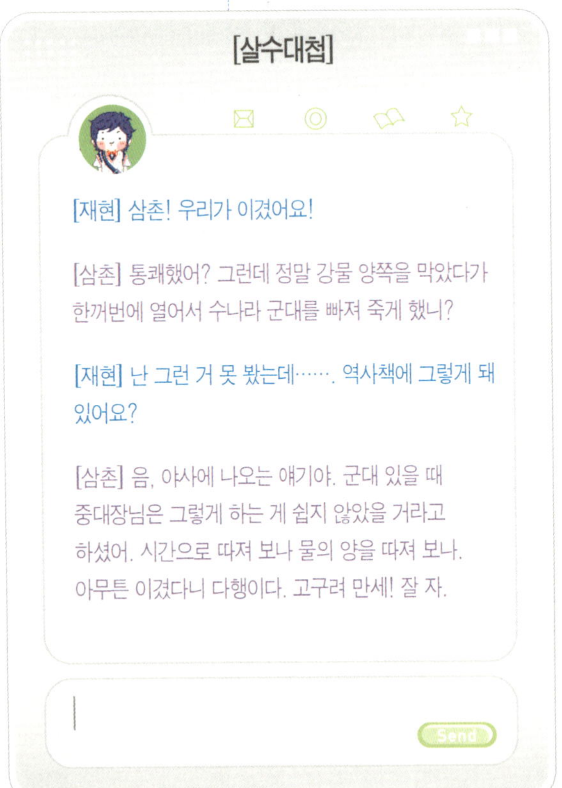

[살수대첩]
[재현] 삼촌! 우리가 이겼어요!
[삼촌] 통쾌했어? 그런데 정말 강물 양쪽을 막았다가 한꺼번에 열어서 수나라 군대를 빠져 죽게 했니?
[재현] 난 그런 거 못 봤는데……. 역사책에 그렇게 돼 있어요?
[삼촌] 음, 야사에 나오는 얘기야. 군대 있을 때 중대장님은 그렇게 하는 게 쉽지 않았을 거라고 하셨어. 시간으로 따져 보나 물의 양을 따져 보나. 아무튼 이겼다니 다행이다. 고구려 만세! 잘 자.
Send

"적을 끝까지 쫓아라! 한 놈도 놓치지 말라!"

을지문덕의 포효가 들렸다. 그 말에 호응하여 고구려 군사들은 피에 굶주린 야수처럼 적진을 누비기 시작했다. 살수 앞에서 진을 치고 대치할 때는 전투였지만, 이제부터는 일방적인 사냥이었다. 멀리서 보기에도 대형을 지키면서 싸울 때와는 비교도 할 수 없이 많은 수나라 군사가 쓰러져 갔다.

'전투는 대형'이라던 선생님 말씀이 귀에서 계속 어른거렸다.

추격전은 그날 밤이 꼬박 새도록 계속되었지만, 우리는 말을 돌려 평양성으로 돌아갔다. 고려 때 김부식이 쓴 역사책 『삼국사기』를 보면, 수나라 별동대는 정신없이 달려 하룻밤만에 살수에서 압록강까지 도망갔다고 한다. 그러나 그렇게라도 살아남은 자는 30만 5천 명 가운데 2천 7백 명뿐이었다.

우리는 살수에서 전쟁이란 것이 단지 힘만 가지고 겨루는 마구잡이 싸움이 아니라는 것을 깨달았다.

고구려군은 숫자의 힘을 믿고 성급하게 덤빈 적군의 허점을 이용하여 승리를 거둘 수 있었다. 그것은 치밀한 전략의 승리였다.

이처럼 고구려군이 침략군을 평양성으로부터 멀리 몰아낸 덕분에 우리는 모처럼 마음 편하게 잠을 이룰 수 있었다.

| 수 나 라 는 　어 떻 게 　되 었 나 ? |

수나라 황제(양제)는 큰 패배를 당하고도 이듬해 다시 고구려를 침공했다. 이번에는 요동성을 거의 함락시켰지만, 수나라에서 반란이 일어나는 바람에 급히 발길을 돌려야 했다. 반란을 진압한 수 양제는 또 한번 고구려를 치려 했으나 병사가 모이지 않아 포기했다.

고구려 원정에 국력을 다 써 버린 수나라는 결국 각지에서 일어난 반란으로 618년에 망하고, 당나라가 그 뒤를 잇는 통일 제국으로 들어서게 되었다.

양제는 비참한 최후를 맞이했지만 중국의 남북을 잇는 대운하는 오늘날도 그의 업적으로 기억되고 있다.

양제의 업적, 대운하

645년	두 번째 일정	작성자 : 도도 왕자 재현
	당나라군을 안시성에서 물리치다	

다음날 아침 우리는 성안의 집에서 잠이 깼지만 그곳은 평양성이 아니었다. 찬 기운이 문틈을 비집고 들어오고, 밖에서는 병사들이 수군거리는 소리가 들렸다.

"올 것이 왔군! 이제 어떻게 해야지?"

"까짓 것 죽기 아니면 살기지, 뭐!"

우리는 겨울 옷으로 갈아 입고 밖으로 나섰다. 그때 우리 눈을 꽉 채운 것은 성 바로 바깥에 솟아오른 산이었다. 그 산에는 전날 보았던 수나라군과 비슷하게 생긴 군사들이 있었다.

우리는 밤새 시간 이동을 하여 645년 가을의 고구려 안시성에 와 있었다. 그 동안 중국의 주인은 수나라에서 당나라로 바뀌었고,

7 세기 중엽의 아시아

고구려에서는 연개소문이란 재상이 정변을 일으켜 왕을 갈아치웠다. 그리고 당나라는 수나라의 뒤를 이어 고구려에 쳐들어왔다.

우리 앞에 솟구친 산은 그렇게 쳐들어온 당나라 군대가 고구려의 안시성을 점령하기 위해 흙으로 쌓아 올린 인공 산이었다.

당나라군이 안시성을 공격하기 위해 쌓은 토산

645년 고구려는

중국에서 수나라가 망하고 당나라가 들어서자 고구려 국경에는 평화가 찾아들었다. 그러나 당나라의 2대 황제인 태종은 중국을 완전히 평정한 뒤 서서히 주변 지역으로 세력을 넓혀 갔다. 고구려도 당의 침략을 내다보고 당나라와의 국경에 16년에 걸쳐 천리장성을 쌓았다.

그러던 642년, 당나라에 대해 강경한 태도를 가지고 있던 재상 연개소문이 정변을 일으켜 정권을 잡았다. 그가 당나라와 대결하는 정책을 펼치면서 전쟁은 코앞에 와 있었다.

연개소문은 연개소문이고 안시성은 안시성

고구려 군사들은 춥고 우중충한 날씨를 닮은 얼굴로 인공 산을 바라보고 있었다. 그런 군사들을 뚫고 카이젤 수염을 한 장수가 와서 인공 산을 살폈다.

"양만춘 장군이다!"

광현이가 나직이 외쳤다. 그러자 선생님이 쉿 하는 손짓을 하고는 속삭이셨다.

"저분이 안시성 성주가 맞기는 하지만 이름이 양만춘인지는 몰라.* 그러니까 함부로 말하지 마."

선생님 말씀에 따르면 안시성 성주는 고구려의 권력자인 연개소문하고도 사이가 좋지 않다고 했다. 연개소문이 정변을 일으키기 전까지 고구려는 여러 귀족이 연합하여 다스리는 나라였다. 물론 안시성 성주도 높은 귀족이었다. 그런데 연개소문은 그런 귀족 연합 정권을 깨 버리고, 자신에게 권력이 집중되는 체제를 만들었다. 그리고 각 지방의 귀족들에게 자신의 권력을 인정하라고 요구했지만, 안시성 성주는 그 요구를 거부하고 있었다고 한다.

게다가 당나라는 연개소문이 정변을 일으킨 것을 문제 삼아 쳐들어왔으니까, 안시성 사람들은 이래저래 연개소문이 원망스러울지도 모른다.

*안시성 성주의 이름이 양만춘이라는 것은 연암 박지원의 『열하일기』에 나오는 이야기로 다른 역사책에는 보이지 않는다.

말 위에서 화살을 쏘는 당나라 기수와 행렬도

연개소문과 당 태종

연개소문이 정변을 일으켰을 때 고구려 왕은 영류왕(수나라 침공 때 적군을 성안으로 끌어들여 몰살시킨 고건무)이었다. 영류왕은 연개소문을 천리장성 공사의 책임자로 보냈는데, 수나라와의 오랜 전쟁에 지친 고구려 귀족들 중에는 연개소문을 죽이려는 사람도 있었다. 이런 움직임을 눈치 챈 연개소문은 먼저 손을 써서 잔치를 베푸는 척하고 귀족 180여 명을 죽였다. 나아가 영류왕까지 죽이고 보장왕을 세운 뒤, 자신은 이전에 없던 절대 권력자인 대막리지가 되었다.

당시 백제와 어려운 싸움을 벌이던 신라는 김춘추(훗날의 태종무열왕)를 고구려에 보내 구원을 요청했으나, 연개소문은 오히려 김춘추를 감금하고 신라와 당나라의 교통로인 당항성을 점령했다. 당 태종은 연개소문에게 신라와 화해하라고 요구하는 사신을 보냈으나, 연개소문은 이를 거부하고 사신을 구속했다. 태종은 이를 빌미로 10만 대군을 일으켜 고구려 정벌에 나섰다.

천자(황제)

막리지(연개소문)가 화살에 맞서 칼을 날리다.

중국 명나라 때 무덤에서 발견된 책에 실린 그림. 맨 위가 당 태종이고 그를 향해 네 개의 칼을 던진 사람이 연개소문. 당나라 역사책은 연개소문이 늘 칼 다섯 자루를 가지고 다닌다고 기록했다. 화살을 쏘는 사람은 당나라 장수 설인귀.

안시성 성주가 우리에게 다가왔다.

"우리 안시성은 석 달 동안 막강한 당나라 군대의 공격을 견뎌 왔소. 그런데 적군이 두 달이나 공을 들여 우리 성벽보다도 높은 토산을 쌓아 올렸으니 싸움은 이제부터요!"

성주의 얼굴에는 을지문덕 못지않은 자신감이 흐르고 있었다. 성주가 연개소문을 미워했다면 그냥 못 이기는 체 당나라에 항복하고 연개소문을 칠 수도 있었을 것이다. 그러나 국내 문제는 국내 문제이고, 외적과는 단호히 맞서는 모습이 보기에 좋았다.

"여기 안시성이 요동 땅에 있다고 했죠? 그러면 수나라가 쳐들어왔을 때 수나라 군대를 물리친 요동성은 어떻게 됐나요?"

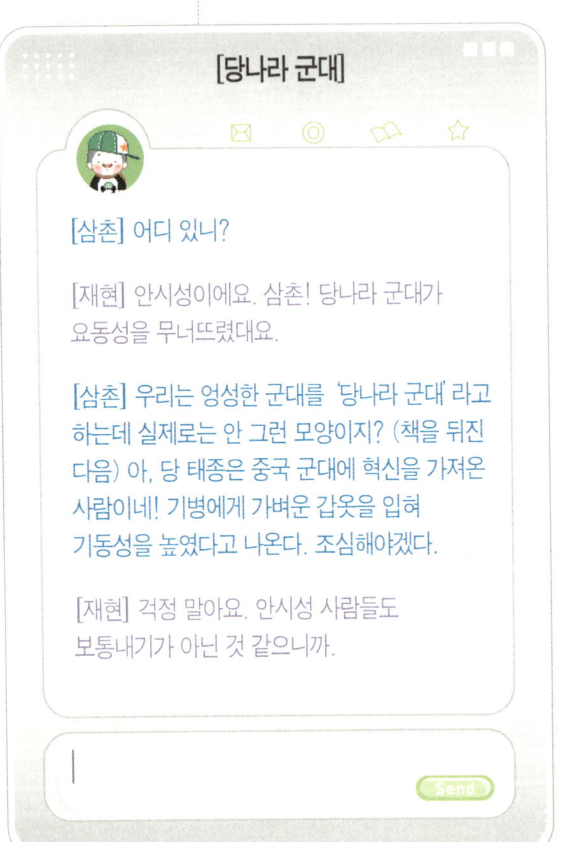

[당나라 군대]
[삼촌] 어디 있니?
[재현] 안시성이에요. 삼촌! 당나라 군대가 요동성을 무너뜨렸대요.
[삼촌] 우리는 엉성한 군대를 '당나라 군대' 라고 하는데 실제로는 안 그런 모양이지? (책을 뒤진 다음) 아, 당 태종은 중국 군대에 혁신을 가져온 사람이네! 기병에게 가벼운 갑옷을 입혀 기동성을 높였다고 나온다. 조심해야겠다.
[재현] 걱정 말아요. 안시성 사람들도 보통내기가 아닌 것 같으니까.
Send

하고 지수가 묻자 성주의 표정이 어두워졌다.

"당나라 군대는 수나라 군대하고 달라. 벌써 넉 달 전에 요동성을 무너뜨리고 이곳으로 온 거란다."

황제가 이끄는 당나라 주력군이 요동에 도착한 것은 음력 5월 1일. 그로부터 보름 남짓 만에 수나라 백만 대군도 포기했던 요동성을 무너뜨렸던 것이다. 한창 지략이 뛰어날 나이인 마흔 다섯의 당나라 황제는 확실히 수 양제보다 한 수 위의 인물인 것 같았다.

그런데 설명을 듣다 보니 이상한 것이

있었다. 고개를 갸우뚱하고 있는데 지수가 얼른 물었다.

"수나라는 요동성을 점령하지 못했는데도 바로 평양성으로 군대를 보냈잖아요? 그런데 당나라는 요동성까지 무너뜨리고도 왜 평양으로 가지 않고 이곳에 머물러 있는 건가요?"

성주가 씩 웃으며 대답했다.

"아는 것도 많구나! 수나라 군대가 실패한 가장 큰 이유가 뭐지? 식량 배급이 제대로 되지 못해서야. 지금 당나라 군대가 평양으로 가면, 그들에게 식량 보급이 제대로 되도록 우리가 가만 놔두겠니?"

빨리 움직이기 위해 장비를 줄인 당나라 중장기병

그래서 당나라는 아예 안시성까지 무너뜨려 놓고 편안하게 평양을 차지하러 가겠다고 판단한 것이다.

당 태종이 안시성 공격에 나섰다는 소식이 들리자 평양에 있던 권력자 연개소문은 말갈족* 병사들이 포함된 15만 명의 대군을 급히 모아 응원군으로 파견했다.

이 대규모 응원군은 안시성 밖에 있는 주필산이라는 산 부근에서 당나라 군대와 정면 대결을 벌였다. 이 전투는 고구려의 운명을 판가름할 수도 있는 중요한 싸움이었는데, 안타깝게도 15만 고구려군은 당 태종의 지략에 말려 패하고 말았다.

이때 당나라에서는 설인귀와 설계두라는 특별한 이력을 가진 장수가 맹활약했다. 설인귀는 신분 상승의 꿈을 품고 참전한 평민 출신이었고,

*말갈족은 훗날 금나라를 세운 여진족, 청나라를 세운 만주족과 같은 혈통이다. 일부는 고구려의 지배를 받았고, 고구려가 멸망한 뒤에는 고구려 유민과 함께 발해를 세웠다.

훗날(668년) 기어코 고구려를 무너뜨린 설인귀가 세웠다고 전해지는 경기도 파주 감악산의 설인귀비

설인귀

가난한 평민 출신이었던 설인귀는 당 태종이 고구려 원정을 발표했을 때 부친상을 당한 상태였다. 그런데 부인이 이번 기회에 한 번 출세해 보라면서 등을 떠밀었다고 한다. 설인귀는 나중에 정말 귀족으로 출세했는데, 그 멋진 인생 역전 때문에 훗날 우리 나라에서도 그의 전기가 널리 읽힐 만큼 인기를 끌었다.

설계두는 야망을 품고 서해를 건너 당나라로 간 신라 사람이었다. 설인귀는 이 전투 이후 승승장구했으나, 설계두는 전투 중에 목숨을 잃고 말았다.

주필산 전투에서 패한 고구려 응원군은 부근 산 속으로 도망갔다가 당나라군에게 항복하고 말았다. 태종은 고구려 지휘관들을 모조리 당나라로 보내고, 고구려에 협력한 말갈 군사 3천3백 명은 생매장했다. 이 일로 말미암아 안시성은 바람 앞의 등불 같은 신세에 놓이게 되었다.

그러나 만만해 보이던 안시성은 호락호락하지 않았다. 당 태종은 항복하면 살려 주고 저항하면 모든 남자를 죽이겠다고 심리전을 폈지만, 안시성 사람들은 끄떡도 하지 않았다. 당나라 군대는 하루에도 예닐곱 번씩 성을 공격했으나, 안시성 성주와 군사들은 일치단결하여 이를 물리쳤다.

그러자 당 태종은 두 달 전부터 수많은 군사를 동원하여 흙으로 산을 쌓게 했고, 그 산이 최후의 결전을 예고하면서 거대한 모습을 드러내었던 것이다.

| 안 시 성 |

요동 지역의 고구려 성 가운데 비교적 작은 규모의 성. 다른 고구려 성이 대개 돌로 쌓은 성이었으나, 안시성은 흙을 다져 쌓은 토성이었다고 한다. 당나라 군대가 요동성을 깨뜨리고 이 작은 성 앞에 다다랐을 때는 전쟁이 다 끝났다고 생각했을지도 모른다. 그러나 안시성 군사들은 세계 최강 군대의 발목을 묶었고, 날씨는 날로 추워졌다. 안시성 군사들이 이렇게 악착같이 싸울 수 있었던 것은, 성안에 가족과 집이 있는 사람들이 많아서 아예 도망칠 생각을 하지 않았기 때문이라고 한다.

| 세계 최강 당나라군 |

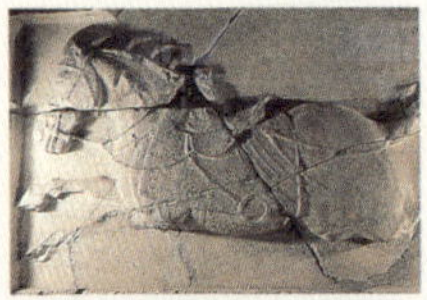

옛 속담에 "적의 용맹은 내게 명예로운 일"이라는 말이 있다. 적이 강하고 용감할수록 그 적과 싸우는 내 명예도 높아진다는 말이다. 안시성을 지키는 고구려군에게 태종이 이끄는 당나라 군대는 강하고 용감한 적이었다.
태종은 중국인이 한나라 고조, 청나라 건륭제와 함께 중국 역사상 가장 위대한 세 명의 황제로 꼽는 인물이다. 그는 아버지 고조를 도와 수나라를 무너뜨리고 당나라를 세우는 데 큰 공을 세웠다. 그리고 정변을 일으켜 형을 죽이고 아버지의 양보를 받아 황제의 자리에 올랐다. 그런 다음 안으로는 '정관(태종 시대의 연호)의 치'라는 유명한 개혁을 이룩하고, 밖으로는 강력한 유목민 국가인 돌궐을 비롯해 수많은 이민족을 제압했다. 그리하여 당나라는 중국 역사상 가장 부강한 왕조 중 하나가 되었고, 당나라의 수도 장안은 세계의 수도가 되어 비단길을 따라 들어온 세계 여러 나라의 사람과 문물이 거리에 흘러넘쳤다.

당 태종

당 태종이 아끼던 여섯 마리 준마

당이 거느린 제후국 사신들

갑옷을 입은 당나라의 근위병

수나라를 무너뜨리고 주변 국가들을 정벌하는 과정에서 당나라 군대는 세계에서 가장 강한 군대의 모습을 갖추게 되었다.

타고난 전략가인 태종은 기병과 말의 무장을 가볍게 해서 북방 유목민과의 싸움에서도 뒤지지 않는 기동력을 갖추게 했다. '신속한 돌격과 악착같은 추격'을 특징으로 하는 당나라 군대는 거침없이 동아시아를 평정해 나갔다. 이제 남은 것은 수나라를 멸망에 이르도록 했던 요동의 강자 고구려였다. 그리하여 안시성 사람들은 세계 최강의 군대와 고구려의 운명을 가름하는 결전을 앞두게 되었다.

태종의 뒤를 이어 당나라의 전성기를 이끈 고종과 측천무후가 함께 묻힌 건릉

안시성 싸움 – 성곽 전투는 이렇게 하는 것

비가 내리고 있었다. 당나라가 쌓은 인공 산과 안시성 사이에는 숨막히는 긴장감이 교차했다. 인공 산에는 당나라 지휘부가 속속 자리를 잡았고, 성을 공격하는 거대한 장비들도 대대적으로 다시 배치되었다.

신형 투석기를 달아맨 당나라의 포차는 엄청난 성능을 자랑했다. 포차는 바퀴를 달고 있어서 옮겨 다니며 돌을 쏠 수 있었다. 일단 공격이 시작되면 한 줄로 수백 대가 늘어서서 성을 향해 돌 세례를 퍼붓곤 했다. 그렇게 하면 성벽에서 화살을 쏘며 저항하는 수비군이 꼼짝할 수가 없었다. 바로 이러한 위력 때문에 요동성이 그렇게 빨리 무너졌던 모양이다.

그러나 안시성은 흙을 다져 만든 토성이었다. 그래서 아무리 큰 바윗덩어리를 날려 보내도 홈이 파일 뿐, 돌로 쌓은 성벽처럼 부서지거나 무너져 내리기는 쉽지 않았다.

포차

투석기를 사용하여 엄청나게 큰 돌을 날려 보내 성벽을 파괴하는 무기. 거대한 돌을 450미터나 떨어진 곳에서 날려 보냈다고 한다. 당나라는 수나라의 고구려 침공 때 포차가 제 기능을 발휘하지 못한 것을 알고, 강력한 투석기를 개발했다고 한다. 고구려의 맥궁이 한껏 화살을 날려 보냈을 때 360미터라고 했으니, 그 위력을 짐작할 수 있다.

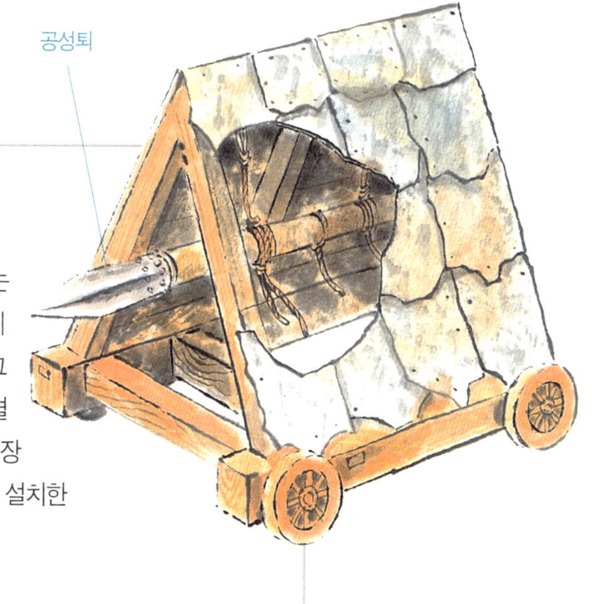

충차

날카로운 쇠를 씌운 통나무를 달고 성벽으로 돌진하는 무기. 어떤 영화에서는 힘 센 장정들이 통나무를 함께 들고 성문으로 돌진하지만, 고구려 용사들 앞에서 그렇게 했다가는 성 위에서 쏟아 붓는 돌과 쇳물에 전멸하고 말 것이다. 당나라의 충차는 나무로 사방을 막은 장갑차를 만들고, 그 속에 공성퇴라고 불리는 통나무를 설치한 고성능 장비였다.

포차가 사격을 퍼붓는 동안 충차가 전진한다.

장갑차 속에 병사들이 들어가 끝에 날카로운 쇠를 입힌 공성퇴를 함께 틀어쥐고 성문으로 진격하는 것이다.

성 앞에는 보통 해자라는 큰 도랑을 파 놓게 마련인데, 그 도랑은 어떻게 건널까? 당시 세계 최고의 토목 기술을 가지고 있던 당나라 군대에게 그런 것쯤은 식은 죽 먹기였다. **요하를 건널 때부터 위력을 발휘한 호교라는 조립식 다리가 있었기 때문이다.**

그런데 충차를 나무로 만들면 성 위에서 던지는 돌이나 불화살에 쉽게 부서지지 않았을까? 뜻밖에도 그렇지 않았다. 나무는 탄력이 있어 돌에 강할 뿐 아니라 두 겹으로 만들었기 때문에 쉽게 부서지지 않는다.

게다가 지붕을 세모꼴로 만들었기 때문에 그 위로 돌이 떨어져도 미끄러져 내리곤 했다. 또 생나무로 만든 충차는 쉽게 불이 붙지 않는데다, 불이 붙어도 군사들이 소화기를 미리 준비하고 있다가 바로 꺼 버리곤 했다.

물론 가랑비에 옷이 젖는 법이다. 아무리 튼튼한 충차도 계속 돌과 불을 맞으면 부서지거나 타 버릴 것이다. 안시성 사람들은 수많은 당나라 충차를 파괴하고, 무너진 성벽은 나무판이나 가죽 따위로 메우면서 석 달이나 버텨 왔다.

충차가 성벽 아래로 돌진하는 동안 성벽 위로는 사다리차가 달려간다. 사다리를 성벽 위에 올리면 선발된 용사들이 타고 올라가 수비대와 육박전을 벌이는 것이다. 사다리 밑이나 중간에는 방을 만들어 놓기도 했는데, 그 속에는 궁수가 들어가서 성을 향해 화살을 날려 보냈다.

사다리차

중국에서 사다리차를 가리키는 운제(雲梯)는 '구름 사다리' 라는 뜻이다. 높은 성을 공격하려니까 그렇게 높은 사다리차를 만든 것이다.

사다리차에서 더욱 발전한 장비가 공성탑이었다. 이 장비는 거대한 망루처럼 생겨서 누차라고도 불렸다. 사다리차의 앞과 좌우에 두꺼운 나무판을 대고, 적의 불화살 공격을 막아내기 위해 소가죽을 덧댄 장비였다.

"저렇게 엄청난 장비를 가진 당나라 군대를 막아냈으니, 안시성 사람들 정말 대단하네!"

광현이가 외쳤다. 혜리가 말했던 것처럼 안시성은 둘레가 4킬로미터 남짓한 작은 성이었다. 그러나 이렇게 규모가 크지 않기 때문에 방어하는 입장에서도 집중력을 가지고 대군을 막아 낼 수 있었다.

성을 방어하는 무기로는 쇠뇌와 불화살이 있었다. 또 엄청난 크기의 돌을 굴리기도 했고, 거대한 갈고리를 돌려 사다리차를 넘어뜨리기도 했다.

갈고리와 쇠뇌

큰 갈고리를 빙빙 돌리다가 휙 던져 충차를 맞히면 그 자리에서 박살이 났고, 사다리차를 맞히면 기우뚱거리다 쓰러져서 부서지거나 다시는 일어나지 못하게 되었다. 기계 장치로 화살을 쏘아보내는 쇠뇌는 활보다 훨씬 강력한 무기였다.

이처럼 적의 공격을 막아낸 안시성 사람들도 질기지만, 기어코 그 성을 무너뜨리기 위해 인공 산을 쌓은 당나라 군도 정말 질긴 사람들이었다.

그때 어디에선가 지진이라도 난 것처럼 우르르 쾅 하는 소리와 함께 발아래 땅이 마구 떨렸다.

"토산이 무너진다!"

병사들이 외치는 소리를 듣고 앞을 바라보니 거대한 인공 산이 무너져 내리면서 성벽을 덮치고 있었다. 우리는 깜짝 놀라 성 안으로 달려 내려갔고, 굉음과 함께 성벽이 무너지는 소리가 들려 왔다. 워낙

짧은 시간에 전투를 벌여 가면서 급히 짓다 보니, 부실했던 인공 산이 쏟아져 내리는 비를 견디지 못하고 무너진 모양이었다.

당나라 군대는 힘들이지 않고 성안으로 돌진할 기회를 잡은 셈이었다. 따라서 이것은 고구려에게는 절체절명의 위기가 아닐 수 없었다. 그런데 웬일인지 당나라 군대 쪽에서는 기민한 움직임이 보이지 않았다.* 오히려 먼저 움직인 것은 안시성 사람들이었다.

"결사대여, 나를 따르라!"

성주의 명령에 따라 결사대를 조직해 놓고 있던 장수들이 지체 없이 외치며 무너진 성벽을 넘어 인공

*인공 산이 무너지기 직전 당나라 장수 도종과 그의 부장이 잠시 자리를 비우는 바람에, 토산이 안시성의 성벽을 덮치는 좋은 기회를 살리지 못했다고 한다.

산으로 돌격했다. 인공 산에 진을 치고 있던 당나라 군대와 고구려 결사대 사이에 불꽃 튀는 싸움이 벌어졌으나, 죽기를 각오한 결사대의 기세 앞에서 상대는 속수무책이었다. 얼마 지나지 않아 무너진 인공 산은 고구려군이 점령하고 있었다.

"와!" 하는 함성도 잠시, 토산 아래에서 전열을 정비한 당나라 군대는 장비들을 총동원하여 인공 산을 되찾기 위한 총공세를 펼쳤다. 쇠뇌와 불화살과 돌을 있는 대로 쏟아 부으며 벌이는 아수라장 같은 전투가 빗속에서 끝을 모르고 벌어졌다.

전투 상황이 한 치 앞을 분간할 수 없을 만큼 혼란스럽고 치열했기 때문에 우리는 선생님이 이끄시는 대로 성의 동문을 빠져나왔다. 안시성 성주는 그 격전 속에서 군사들을 지휘하면서도 우리 일행을 발견하고는 손을 흔들어 주었다. 그 손에는 승리에 대한 확신이 담겨 있었다.

안시성 전투, 그 후

인공 산을 둘러싼 전투는 사흘 밤 사흘 낮 계속된 끝에 고구려군의 승리로 끝났다. 날씨는 추워지고 식량은 바닥나자 당 태종은 철수하기로 결심했다.
태종은 돌아가는 길에 안시성 성주가 성을 잘 지켰다고 칭찬하면서 비단을 선물했다고 한다. 훌륭한 적장에 대한 멋진 예의의 표시였을까, 아니면 돌아가는 길에 잘 봐 달라는 뇌물이었을까?
원정에 실패하고 돌아간 태종은 풍질이라는 병을 포함한 각종 병을 앓기 시작했다. 그는 정치를 태자에게 맡기고 치료에 전념했으나, 4년 뒤 죽음을 맞이했다. 그는 요동(고구려) 정벌을 그만두라는 유언을 남기고 죽었다.
그러나 당나라는 고구려가 있는 한 동쪽이 불안했기 때문에 이 유언을 지킬 수 없었다. 태종의 뒤를 이은 고종은 신라와 손을 잡고 백제와 고구려 정벌에 나섰다.
당나라와 신라의 연합군이 연개소문의 자식들 사이에 내분이 일어난 평양성을 함락시킨 것은 668년의 일이었다. 동북아시아에서 독자적인 천하를 이룩했던 고구려의 역사는 그렇게 끝을 맺었다.

당 태종 무덤에서 나온 기마 인물상

고구려 사신일까?
당나라를 방문한 외국 사신들을 그린 당나라 고분 벽화. 오른쪽에서 두 번째, 깃털 모양의 관을 쓴 이를 고구려 사신이라고도 하고, 벽화가 그려진 시점이 고구려 멸망 뒤라서 신라나 발해 사신이라고도 한다. 그 왼쪽은 동로마 사신.

우람한 고구려의 혼
고구려 말기에 그려진 북한 남포시 강서대묘의 사신도 벽화 중 현무. 거침없는 필치와 힘차고 아름다운 조형미에서 고구려의 혼이 느껴진다.

03 임진왜란 캠프

_총은 전쟁을 어떻게 바꿨을까?

남한강 앞의 탄금대에 배수진을 치고 조총으로 무장한 왜군을 맞는 조선군 기병대

1592년	첫째 일정	작성자: 도도 왕자 재현
	육지에서 왜군을 맞아 싸우다	

안시성을 떠난 우리는 밤새 천년의 세월을 건너뛰어 조선 시대로 들어갔다. 어떤 강가에서 하룻밤 야영을 했는데, 잠에서 깨고 보니 늦봄의 훈훈한 바람이 훅 끼쳐오고 있었다.

우리는 마침 강가에 떠 있던 나룻배 한 척을 타고 강을 건넜다. 그런데 우리를 바라보는 사공의 표정이 심상치 않았다.

"조선 사람들 맞소?"

선생님이 나서서 안심시키자, 사공은 한숨을 푹 내쉬며 말했다.

"왜놈들이 오늘 내일 이곳에 쳐들어온다는구먼. 달천에 피바람이 불 텐데 이를 어쩌나!"

때는 1592년 음력 4월 27일, 그곳은 충청도 충주였다. 임진왜란*이

* 조선은 일본을 '왜'라고 불렀다. '임진왜란'은 임진년(1592년)에 왜가 일으킨 전란을 뜻한다.

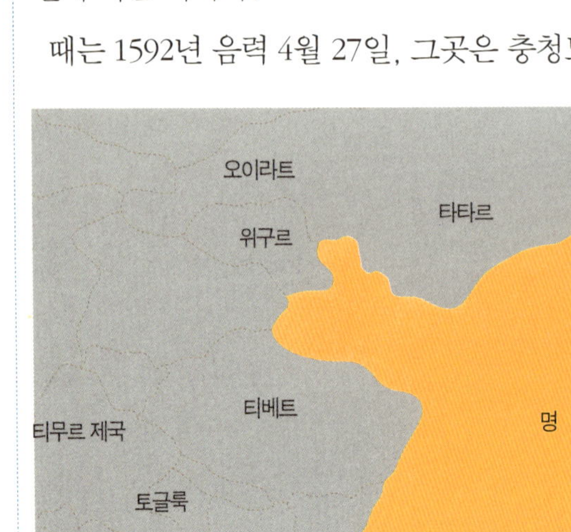

일어나 왜군이 빠르게 북쪽으로 올라오고 있었다.

달천이라는 강을 건넌 우리는 한참 걸어서 언덕 위에 있는 단월역이란 곳으로 갔다. 그곳에는 왜군을 막으러 온 조선군 8천 명이 주둔하고 있었고, 한쪽에 설치된 막사에서 지휘관들이 회의를 하고 있었다. 선생님은 그 중앙에 있는 장군이 조선군을 총지휘하는 신립이라고 알려 주셨다.

조선의 육군 장수

| 임진왜란은 왜 일어났을까? |

임진왜란 이전까지 중국 명나라를 중심으로 하는 동아시아 국제 질서는 안정되어 있었다. 그 사이 일본에서는 오랫동안 전국에 흩어진 군벌들 사이에 내전이 벌어졌다. 여기서 최후의 승자가 된 토요토미 히데요시는 내전을 치르며 단련된 군사력으로 조선을 침공했다. 왜군은 "명나라를 치러 갈 테니 길을 비키라."라는 오만한 요구를 내놓았으니, 이것은 동아시아 국제 질서에 대한 도전이었다. 왜군을 가장 먼저 맞이한 부산진의 정발 첨사는 이를 거절했고, 고니시 유키나가가 이끄는 왜군 선발대는 단숨에 부산진을 무너뜨린 뒤, 한양을 향해 거침없이 밀고 올라갔다.

전통의 기병과 신무기 조총의 대결

우리는 김여물이라고 하는 장수로부터 전쟁 상황에 관해 간단한 설명을 들을 수 있었다. 그는 문관 출신이지만, 위기 상황에서 왕의 명령을 받고 장군과 함께 한양에서 내려왔다고 한다.

상황은 다급했다. 고니시 유키나가가 이끄는 1만 8천 명의 왜군 선발대가 부산에 나타난 것은 불과 12일 전인 4월 13일.

부산의 싸움
임진왜란 당시의 격전 장면을 그린 기록화

오랜 내전을 거치면서 단련된 왜군은 쉽게 부산진을 점령하고 거칠 것 없이 서울을 향해 밀고 올라왔다.

당황한 조선 조정은 북방에서 여진족을 상대로 혁혁한 전과를 올렸던 신립 장군에게 왜군을 막는 중대한 임무를 맡겨 내려 보냈다.

당년 마흔 여섯. 신립 장군은 북쪽 국경에서 잔뼈가 굵은 장수답게 당당한 모습이었다. 그는 김여물을 비롯한 몇 사람을 데리고 왜군이 올라오는 길목을 살펴보기

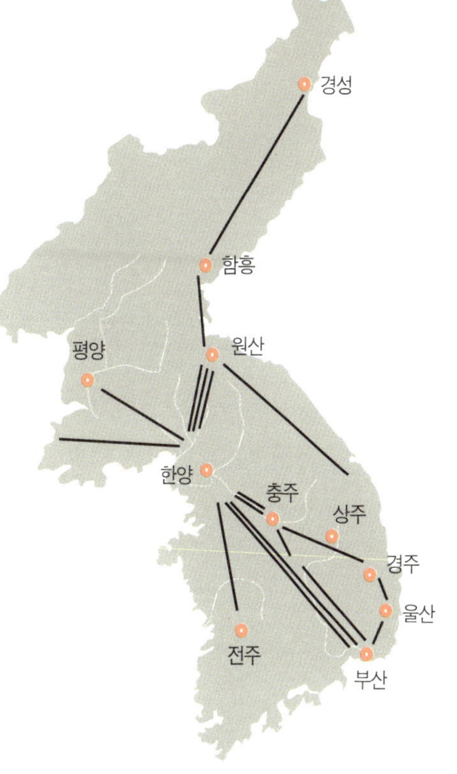

왜군의 침공로

위해 떠났다. 그리고는 오후 늦게 돌아왔다.

그때 어떤 장수가 온몸이 피로 범벅이 되고 군복도 다 찢어진 채 몇 명의 군사만 이끌고 들이닥쳤다.

"나는 상주에서 올라온 이일이라고 하오. 신립 장군을 뵙고 싶소!"

그 소리에 신립 장군이 고개를 돌리자, 이일 장군은 곧바로 말에서 뛰어내려 무릎을 꿇더니 울부짖었다.

"죽여 주십시오! 제가 왜군을 저지하는 임무를 띠고 상주까지 갔사오나, 아까운 목숨들만 잃고 이렇게 도망쳐 왔습니다."

이일 장군은 경상도 상주에서 800명의 병력으로 왜군과 맞서 싸우다가 크게 패하고 문경 새재를 넘어 온 참이었다. 신립 장군은 그의 손을 잡아 일으키며 물었다.

"진정하시오. 그래 왜군의 형세가 어떠하였소?"

이일 장군이 잠시 목소리를 가다듬고는 풀 죽은 목소리로 대답했다.

"상주에 내려갔을 때 상주목사는 이미 산 속으로 도망치고 그곳 군사들도 온데간데없었습니다. 소장이 데리고 간 군사는 60명뿐이었죠. 그래서 곳간을 열어 곡식을 나눠 주면서 싸울 자를 모집한 끝에 겨우 800명 남짓한 군사를 모을 수 있었습니다."

그 군사들을 데리고 상주성 밖에서 훈련을 시킬 때 적의 기습을 받아 제대로 싸워 보지도 못하고 패했다고 했다. 훈련도 받지 못한 군사로 대항하기에는 적이 너무도 강했다는 것이다.

신립 장군의 표정이 어두워졌다. 그때 문경 새재가 충주에서 남쪽으로 내려가는 길에 있는 험한 산길이라는 생각이 나서 선생님에게 질문을 했다.

"왜군은 수가 많고 조선군은 적으니까 직접 맞닥뜨리면 승산이 없잖아요? 문경 새재 같이 험준한 고갯길에서 매복하고 있다가 적을 기습하는 게 낫지 않을까요?"

그 말을 들었는지 신립 장군은 눈살을 찌푸렸다. 왜군이 너무 빨리 올라오고 있어서 문경새재에 매복할 시간이 없었던 것이다. 고민하던 장군은 고개를 들어 강 쪽을 가리키더니 단호하게 말했다.

"저기가 좋겠소! 저곳 탄금대 앞의 너른 들판에서 한바탕 싸우는 것이 적합하오."

장군은 남한강과 달천이 만나는 곳 앞에 봉긋이 솟은 언덕을 가리켰다. 길이가 1킬로미터쯤 되어 보이는 그 언덕은 남한강변에 나지막히 서 있었고, 바로 그 앞에 넓은 들판이 펼쳐져 있었다.

"장군, 배수진을 치자는 말씀입니까?"

김여물을 비롯한 장수들이 기겁을 하며 물었다. 배수진이란 물을 뒤에다 두고 치는 진을 말한다. 뒤로 물러서

문경 새재

영남 지방에서 서울로 통하는 고갯길. 군사적으로 중요한 곳으로 예로부터 이름이 높았다. '새재'라는 이름은 나는 새도 넘기 힘든 고개를 뜻한다고도 하고, 억새풀이 많은 고개를 뜻한다고도 한다.

탄금대(彈琴臺)

신라 진흥왕 때 '악성(음악의 성인)'이라고 불리던 우륵이 가야금을 연주하던 곳이라 전한다. 본래 대문산이라고 불리던 작은 산으로, 기암절벽에 소나무 숲이 우거져서 경치가 좋은 곳이다.

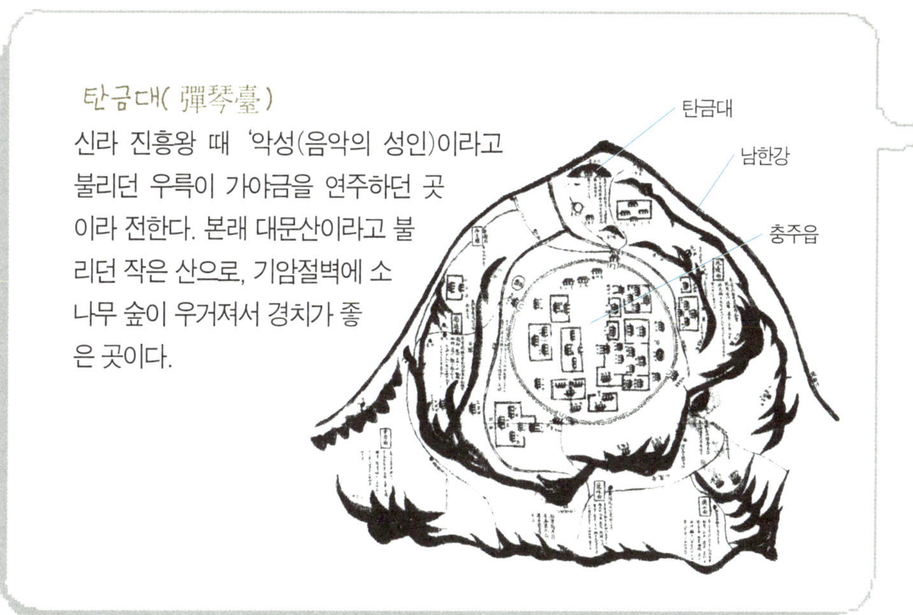

봤자 물에 빠져 죽을 수밖에 없으니까 죽을 각오로 싸울 때 사용하는 진이다.

"장군! 결의는 좋지만 저런 허허벌판에서 싸우면 조총으로 무장한 왜군의 사격에 무방비로 당하게 됩니다. 군사들을 사지로 몰아넣는 일입니다."

다른 장수들이 이렇게 반대를 했지만 신립 장군은 요지부동이었다.

"조총 이야기는 나도 들어서 알고 있소. 적군이 화살을 쏘는 것보다는 우리 쪽 피해가 클 수도 있겠지. 하지만 왜군은 보병 중심이고 우리의 주력은 기병이오. 너른 들판은 말을 달리는 기병에게 유리한 법. 조총 때문에 어느 정도 희생이 있더라도, 이를 각오하고 돌진하면 적의 대형을 무너뜨릴 수 있소!"

조총

화약심지(화승)에 불을 붙여 발사하는 총. 몸통이 길어서 발사 거리가 길고 어깨에 대고 쏘므로 명중률도 높았다. 포르투갈, 동남아시아, 중국, 일본 등에서 개발하여 사용했다.

신립 장군이 말하는 작전은 살수에서 보았던 고구려군의 기병 중심 전법과 비슷한 것 같았다. 천년의 세월이 흘렀지만 전투의 기본 틀은 조선 시대에도 그대로 유지되고 있었던 것이다.

그때였다. 군사들 사이에서 웅성거림이 일어났다. 장수들이 무슨 일이냐고 묻자 한 군졸이 외쳤다.

"장군! 왜군이 벌써 충주에 들어왔다고 합니다."

그 말을 듣자 장수들도 깜짝 놀라 동요하는 기색을 보였다. 소문을 듣고 겁에 질린 군사가 이야기를 퍼뜨린 모양이었다.

"어떤 놈이 그따위 헛소리를 하고 다니느냐? 당장 그 말을 처음 한 놈을 잡아오너라!"

신립 장군은 그렇게 불호령을 내렸다. 그리고는 잡혀온 군졸의 목을 베라는 명령을 그 자리에서 내렸다. 극약처방이었다. 결전을 앞두고 장수나 군졸이 머뭇거리는 것을 막고 탄금대의 배수진을 밀어붙이기 위한 행동 같았다. 모두들 서슬 퍼런 장군 앞에서 말문이 막히는 눈치였고, 더 이상 반대 의견도 내놓지 못했다.

이제 남은 일은 조선 기병의 우수성을 믿고 탄금대 앞 벌판에서 목숨을 걸어 보는 것뿐이었다. 8천 명의 조선군 정예 병력은 신립 장군의 지휘에 따라 일제히 탄금대로 이동하기 시작했다.

조선의 전통적인 장병(長兵) 전술

'장병(長兵) 전술'은 기병 중심의 전술이다. 이 전술에서는 먼저 적에게 화살과 포탄을 퍼붓는다. 그리하여 먼 거리에서 적을 제압하고 난 다음, 기병을 돌격시켜 적을 섬멸했다. 그러니까 화포를 사용하는 것 말고는 옛날 고구려군이 쓰던 전술과 크게 달라진 것이 없는 셈이다. 조선의 무과 시험에서도 말타기와 활쏘기를 특히 강조했으며, 전쟁터에서 부대를 배치할 때에도 장병 전술을 염두에 두었다. 반면 왜군은 전통적으로 보병이 돌격하여 창과 검으로 백병전을 벌이는 '단병(短兵) 전술'에 능했다. 그래서 조선이 화포를 개발하고 발전시킨 후로는 해안을 노략질하는 왜구들에게 우세를 지킬 수 있었다.

탄금대 전투 - 조총이 기병을 누르다

그날 밤 우리는 긴장 속에서 토론을 벌였다.

"책이나 텔레비전을 보면 임진왜란 때 조선의 정치인이나 장수들은 전부 비겁하고 전쟁을 치를 자격도 없는 사람처럼 나와. 그런데 신립 장군이나 김여물을 직접 만나 보니까 그렇지 않은 것 같아. 애국심도 강하고 싸우겠다는 의지도 분명하잖아."

율곡 이이는 전쟁에 대비해 십만 명의 병력을 기르자고 주장했지만, 많은 반대에 부딪혔다.

지수가 먼저 말했다. 나도 같은 생각이었다.

"그래. 말을 탄 병사들이나 화포를 닦고 있던 병사들이나 다 용감해 보이고 경험도 많아 보였어. 전쟁 초기에 조금 졌다고 전부 다 형편없었던 것처럼 몰아붙이는 건 결과만 보고 하는

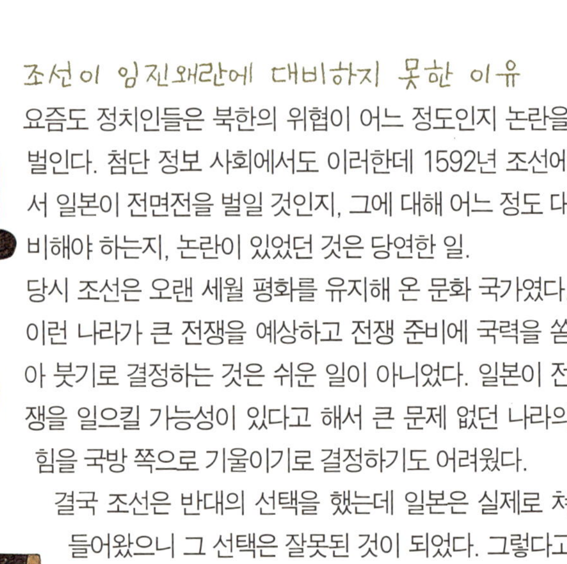

조선이 임진왜란에 대비하지 못한 이유

요즘도 정치인들은 북한의 위협이 어느 정도인지 논란을 벌인다. 첨단 정보 사회에서도 이러한데 1592년 조선에서 일본이 전면전을 벌일 것인지, 그에 대해 어느 정도 대비해야 하는지, 논란이 있었던 것은 당연한 일.

당시 조선은 오랜 세월 평화를 유지해 온 문화 국가였다. 이런 나라가 큰 전쟁을 예상하고 전쟁 준비에 국력을 쏟아 붓기로 결정하는 것은 쉬운 일이 아니었다. 일본이 전쟁을 일으킬 가능성이 있다고 해서 큰 문제 없던 나라의 힘을 국방 쪽으로 기울이기로 결정하기도 어려웠다.

결국 조선은 반대의 선택을 했는데 일본은 실제로 쳐들어왔으니 그 선택은 잘못된 것이 되었다. 그렇다고 해서 당시 조선의 정치인이나 군인을 멍청하거나 위기 앞에서도 태평했던 존재로 보는 것은 지나친 일이다.

말 같아."

모두들 고개를 끄덕였다. 선생님이 말씀하셨다.

"그 말이 맞아. 임진왜란 초기에 일방적으로 밀렸다고 해서 조선의 군사력이 형편없었다거나, 정치인과 군인들이 비겁했다거나 하고 생각해선 안 되지. 조선 같은 나라가 왜 국방에 신경을 안 썼겠니? 문제는 일본이 정말로 이처럼 대규모로 쳐들어올 것인가 아닌가를 판단하기가 그리 쉽지는 않았다는 거야."

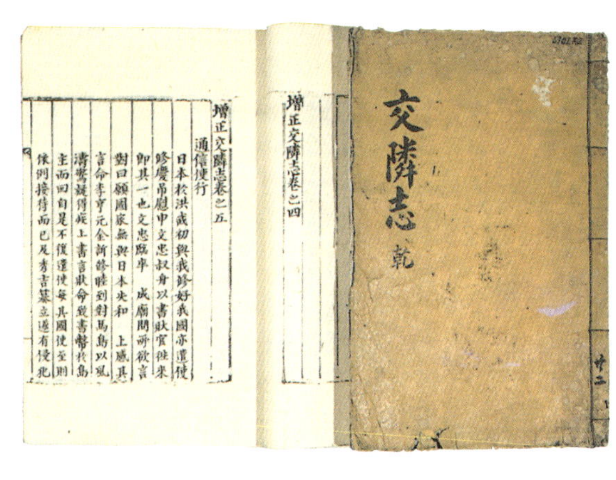

交隣志 乾

增正交隣志卷之四

增正交隣志卷之五

通信使行

日本於洪武初與我修好我國亦遣使
修慶吊聘中文忠叔舟以書狀官往來
即其一也文忠臨卒 成廟問所欲言
對曰願國家無與日本失和 上感其
言命李亨元金訢修睦到對馬島以風
濤驚疑得疾上書言狀命致書幣於島
主而回自是不復遣使每其國使至則
依例接待而已及秀吉纂立遣有使北

『교린지』
일본에 대한 외교 정책과 그 역사를 다룬 책

그때 영찬이가 나섰다.

"그런데 신립 장군님은 조총을 너무 쉽게 생각하는 것 아닌가요? 기병들이 쏟아지는 화살을 뚫고 적진으로 뛰어 들어가는 건 고구려에서도 봤지만, 조총은 화살보다 훨씬 무서운 무기인데……."

그 이야기를 듣고는 선생님도 얼굴이 어두워졌다. 우리도 모두 걱정이 되어 제대로 잠을 이루지 못한 채 그날 밤을 보내고 말았다.

이튿날 아침, 요란한 기상 나팔 소리에 선잠을 깬 우리는 달천 쪽으로 내려가 세수를 하려다가 멀리서 많은 사람이 움직이는 것을 보았다. 자세히 보니 삼각형 모자를 쓰고 총을 든 왜군이었다.

"왜군이 우리를 포위하고 있는 것 같아!"

그렇게 속삭이듯 말하고는 광현이의 손을 끌고 본부 막사로 갔는데, 아니나다를까 정찰병이 다급한 소식을 갖고 왔다.

"고니시 유키나가가 이끄는 왜군 1만 8천 명이 어제 우리가 주둔했던 단월역에 와 있습니다. 고니시는 부대를 셋으로 나누었는데, 그 중 두 부대가 우리의 오른쪽과 뒤로 돌아가 진을 치고 있습니다."

임진왜란 초기에 사용된 조선의 총통

임진왜란에서 조선의 정예 병력이 처음으로 왜군을 맞아 싸운 전투는 그렇게 시작되었다.

단월역에서 내려온 왜군의 맨 앞에는 비교적 적은 숫자의 기병이 늘어서고, 그 뒤에 조총 부대가 세 줄로 서 있었다. 다시 그 뒤에는 활을 쏘는 궁수들이 있고, 맨 뒤에는 창과 칼을 든 사무라이(무사 · 88쪽 참조)들이 육박전을 벼르며 서 있었다.

공격을 시작한 것은 왜군이었다. 기병이 줄을 양쪽으로 벌리면서 돌격해 왔고, 기병 뒤에서 조총수들이 일제히 사격을 퍼부었다. 기존의 전투 방식에서 활이 하던 역할을 조총이 대신한 셈이었다.

조선군도 이에 대응하여 일제히 총통을 발사하고 화살 세례를 퍼부었다. 조선의 총통은 일본보다 2백 년 이상 앞선 전통을 자랑하고 있었지만 크고 무거웠다. 개인이 들고 쏘는 조총보다 파괴력은 커도 발사 속도와 정확도에서 뒤질 수밖에 없었다.

역시 믿을 것은 기병대. 적군이 다가오자 신립 장군은 기병 1진 천 명에게 돌격 명령을 내렸다. 그들은 총탄을 뚫고 달려 나가 적군과 격돌했다. 벌판에서 격렬한 전투가 벌어지는 동안 기병 2진 천 명이 다시 돌격하자 왜군의 전열은 무너지기 시작했다.

과연 신립 장군의 판단대로 조선의 기병은 평지 전투에서 강했다. 그들의 돌격에 밀린 왜군은 단월역으로 후퇴하기 시작했다.

"조선군 만세! 우리가 이겼어!"

탄금대 언덕 위에서 숨죽이며 전투를 지켜보던 우리는 누가 먼저랄 것도 없이 소리쳤다. 신립 장군의 작전이 맞아떨어지는 것 같았다. 왜군은 잠시 후 전열을 정비하여 다시 쳐들어왔지만 조선군 기병 3진 2천 명에게 격퇴 당했다.

그러나 거기까지였다. 탄금대 앞 벌판은 모내기를 앞두고 강물을 끌어다 놓은 상태라서 질척거렸다. 말이 마음껏 달릴 수 없었다. 말의 기운이 팔팔할 때는 괜찮았지만, 전투가 계속되고 지치면서 기병의 기동성은 눈에 띄게 떨어져 갔다.

속도가 생명인 기병의 움직임이 둔해지자 왜군의 조총은 더욱 위력을 떨쳤다. 기병은 하나 둘 총탄을 맞고 벌판에 떨어져 뒹굴었다. 한번 밀리기 시작한 조선군의 전열은 쉽게 흐트러졌고, 사무라이들은 거침없이 칼을 휘둘러 댔다.

탄금대 위에 최후의 방어선을 친 신립 장군은 쉴 새 없이 활을 쏘아 대며 부하들을 독려했다. 활을 쏘다가 활시위가 뜨거워지면 벼랑을 타고 내려가 강물에 활을 씻고는 다시 쏘기를 몇 번씩

신립 장군 순절비

신립 장군이 왜군을 맞아 싸우다 장렬히 전사한 탄금대에는 그의 순절(충절을 바치고 죽음)을 기리는 비석이 세워져 있다.

했다. 단 한 명의 적이라도 더 죽이고 죽겠다는 눈물겨운 몸짓이었다.

적은 조선군의 방어망을 차례차례 허물면서 다가왔고, 신립 장군과 김여물 종사관의 힘은 다해 갔다. 마침내 기진맥진한 신립 장군은 부하들을 불렀다.

"이 부끄러운 몸으로 전하를 뵐 면목이 없구나. 용렬한 신립이 힘닿는 데까지 싸우다 죽었다고 전해 다오!"

비장한 유언을 남긴 신립은 그대로 시퍼런 강물 속으로 뛰어들어 장렬히 전사하고 말았다. 김여물도 장군의 이름을 목 놓아 부르며 왜군을 몇 명 더 쏘아 죽이고 강물로 뛰어들었다. 그들이 떨어진 곳은 저녁에 달이 떨어져 내린다는 '월락탄' 이라는 곳이었다.

우리는 분하고 목이 메어 발을 동동 굴렀지만 어서 몸을 피해야 했다. 역사 탐험에 참가한 이래 가장 위급한 상황이었지만, 다행히 이일

왜군의 조총 사격 방식
왜군은 조총부대의 사격조를 세 줄로 배치하여 차례로 장전하고 사격하게 했다. 이것을 '삼단장전법' 이라고 하며, 숙련된 병사들은 거의 중단 없이 일제 사격을 되풀이할 수 있었다.

장군과 몇 명의 군사들이 우리를 말에 태우고 적의 포위망을 뚫었다. 우리도 울고 이일 장군도 울었다. 장군은 이날의 전투 경험을 상세히 적어 조정에 보고할 것이다.

신립 장군과 용사들이 얼마나 용감하게 싸웠는지, 전통에 빛나는 조선 기병들이 얼마나 눈부신 활약을 펼쳤는지, 그러나 조총이라는 새로운 무기에 대응하기에는 무엇이 얼마나 미흡했는지, 조정은 똑똑히 알게 될 것이다. 그리고 조총에 대응하는 조선의 화포를 서둘러 개발하고, 새로운 전략을 세워 탄금대에 진 넋들의 복수에 나설 것이다.

압록강 건너 요동진이 위협 받게 되자 중국의 명나라는 임진왜란 참전을 결정했다.

전쟁사 속의 임진왜란

임진왜란은 전쟁의 역사에서도 매우 중요한 자리를 차지한다. 이전까지 동아시아에서 화약 무기를 가지고 있던 나라는 중국과 조선뿐이었다. 그런데 포르투갈과 네덜란드를 통해 화약 무기를 받아들인 일본이 등장했다. 임진왜란은 동아시아 3국이 국운을 걸고 대결한 국제전이자, 전쟁의 모습을 완전히 바꾸어 놓은 화약 무기가 전면에 등장한 최초의 전쟁이었다. 처음에 조선이 밀린 것은 이런 화약 무기의 중요성을 놓치고, 신립처럼 전통적인 전투 방식에 의존했기 때문이다.

| 사무라이의 나라 일본 |

일본 역사에서는 1550년 무렵부터 임진왜란을 앞뒤로 한 시기까지를 전국 시대라고 부른다.

당시 일본의 권력자는 천황이 아니었다. 천황이 있기는 했으나 허수아비였고, 쇼군(將軍)이라고 불리는 군인이 천황으로부터 권력을 위임 받아 일본을 다스렸다. 이처럼 쇼군이 전국을 다스리는 체제를 바쿠후(幕府)라고 하며, 이 체제는 12세기에 시작되어 1866년까지 이어졌다.

바쿠후 체제에서 각 지방을 다스리는 영주를 다이묘(大名)라고 했는데, 곳곳에서 수많은 다이묘들이 서로 쇼군 자리를 차지하겠다면서 들고 일어나 전쟁을 벌이던 시대가 바로 전국 시대였다. 이러한 전국 시대는 하층 무사에서부터 다이묘들에게까지 기회의 시대이기도 했다. 하루가 멀다 하고 벌어지는 전쟁에서 공을 세우면 벼락 출세를 할 수도 있었기 때문이다.

사무라이

'모실 시(侍)' 자를 일본에서는 '사무라이'라고 읽는다. 여러 계층의 무사를 가리키는 사무라이는 귀족을 가까이서 모시던 경호원에서 시작된 호칭이다.

로마에 간 사무라이

임진왜란에 참전한 뒤 사절단을 이끌고 유럽을 방문한 하세쿠라 츠네나가

사무라이 검

세계적으로 정평이 나 있는 일본도

전국 시대가 끝나갈 무렵 일본의 패권을 쥔 것은 오다 노부나가라는 다이묘였고, 그가 죽자 후계자였던 토요토미 히데요시가 대권을 잡았다. 토요토미는 전국 시대를 거치면서 넘쳐나게 된 무사들의 권력과 부에 대한 욕구를 일본 밖에서 해결하기 위해 임진왜란을 일으켰다. 이때 토요토미의 맞수였던 도쿠가와 이에야스는 전쟁에 반대하는 입장이었지만, 입을 다물고 훗날을 기약하고 있었다. 그러다가 토요토미가 죽고 임진왜란이 끝나자, 도쿠가와는 다른 다이묘들과 전쟁을 벌여 승리하고 쇼군의 자리에 올랐다. 권력을 차지한 도쿠가와는 일본의 수도를 오사카에서 지금의 도쿄인 에도로 옮겼고, 그와 더불어 사무라이들의 전성 시대인 전국 시대도 막을 내렸다.

사무라이 무장
사무라이의 투구와 갑옷

오사카성
임진왜란 당시 일본의 총지휘부

1592년	둘째 일정	작성자: 도도 왕자 재현
	바다에서 왜군을 물리치다	

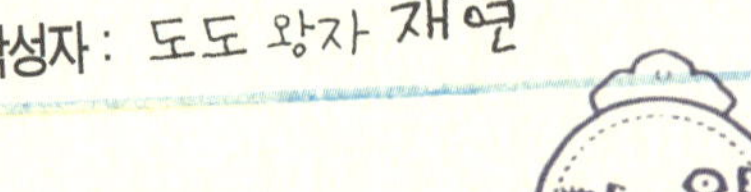

우리는 이일 장군과 헤어져 충주 읍성으로 들어갔다. 그곳의 남문을 통과하는 순간 석 달의 세월이 흘러, 우리 눈앞에는 1592년 음력 7월 7일의 남해가 펼쳐져 있었다. 부두에는 수십 척의 배들이 물결에 따라 흔들리고 있었고, 해안선을 따라 푸른 제복을 입은 군인들이 잔뜩 긴장한 눈초리를 한 채 순찰을 돌고 있었다.

저녁 여섯 시쯤 되었을까. 한여름이라 아직도 무더운데 멀리서 한 사람이 숨을 헐떡거리며 바닷가를 향해 달려왔다. 그러더니 군사 한 명을 붙들고는 숨 넘어가는 소리를 했다.

"이보시오, 좌수사 영감 좀 뵙게 해 주시오!"

좌수사 영감! 텔레비전 사극에서 많이 듣던 말이다. 임진왜란 때의 전라좌수사 이순신 장군을 가리키는 말 아닌가? 우리는 계획대로 이순신 장군 휘하의 전라좌수군이 머물고 있는 경상도 당포 해안에 도착한 것이다.

이순신 장군을 보자고 한 사람은 군대에서 쓸 말을 기르는 관리인 목관(牧官)으로, 이름은 김천손이라고 했다. 이 사람은 우리가 방문한 당포에서 약 20킬로미터 떨어진 견내량(지금의 거제대교 부근)에서 한달음에 달려온 참이었다. 엄청나게 많은 왜군 전함이 견내량에 들어가는 모습을 보고는 빨리 알려야겠다고 생각했던

이순신 장군의 장검

것이다.

조선 수군이 있는 당포와 일본 함대가 들어간 견내량 사이의 바다에는 한산도라는 섬이 있었다. 바야흐로 임진왜란의 운명을 가름하게 될 저 유명한 '한산도 해전'이 눈앞에 다가오고 있었다.

조선의 수군 장수

임진왜란은 어떻게 전개되었나?

신립 장군이 탄금대에서 왜군에게 졌다는 소식이 알려지자 조선의 조정은 한양을 떠나 평양으로 옮겼다. 왕궁인 경복궁은 불에 탔고, 왜군은 5월 2일 한양을 점령했다. 평양도 한달 남짓 만인 6월 15일 왜군의 손에 넘어갔고, 선조 임금은 명나라와의 국경인 의주까지 쫓겨 가는 신세가 되었다. 이렇게 왜군은 전쟁이 시작된 지 석 달 만에 평안도와 함경도까지 진출했다. 그들이 아직 점령하지 못한 곳은 전라도뿐이었다. 부산에 본부를 둔 왜군이 전라도 쪽으로 진출하는 것을 권율이 이끄는 육군과 이순신이 이끄는 조선 수군이 막고 있었기 때문이다.

왜 육군은 지는데 수군만 이길까?

우리는 견내량에서 달려온 김천손을 따라 바다에 떠 있는 2층짜리 배로 올라갔다. 길이가 20미터쯤 되는 그 배에는 장수를 뜻하는 '帥(수)' 자가 씌어진 깃발이 나부끼고 있어서 장군의 지휘선이라는 것을 짐작할 수 있었다. 이 배 말고도 주변에는 이보다 약간 작은 판옥선 수십 척이 떠 있었다.

배 위에서는 포를 쏘는 포수와 화포장, 활을 쏘는 사부 등 수십 명의 군사가 총포를 옮기거나 활을 손보는 일을 하고 있었다. 그러나 노를 젓는 격군이나 키를 잡는 타공, 돛의 줄을 조정하는 요수 등 배를 움직이는 일꾼은 보이지 않았다.

"그 사람들은 아래층에 있죠. 전투하는 군사와 배를 움직이는 군사를 이렇게 위아래로 나누어 놓으니, 서로 방해 받지 않고 임무에 충실할 수 있어 좋습니다."

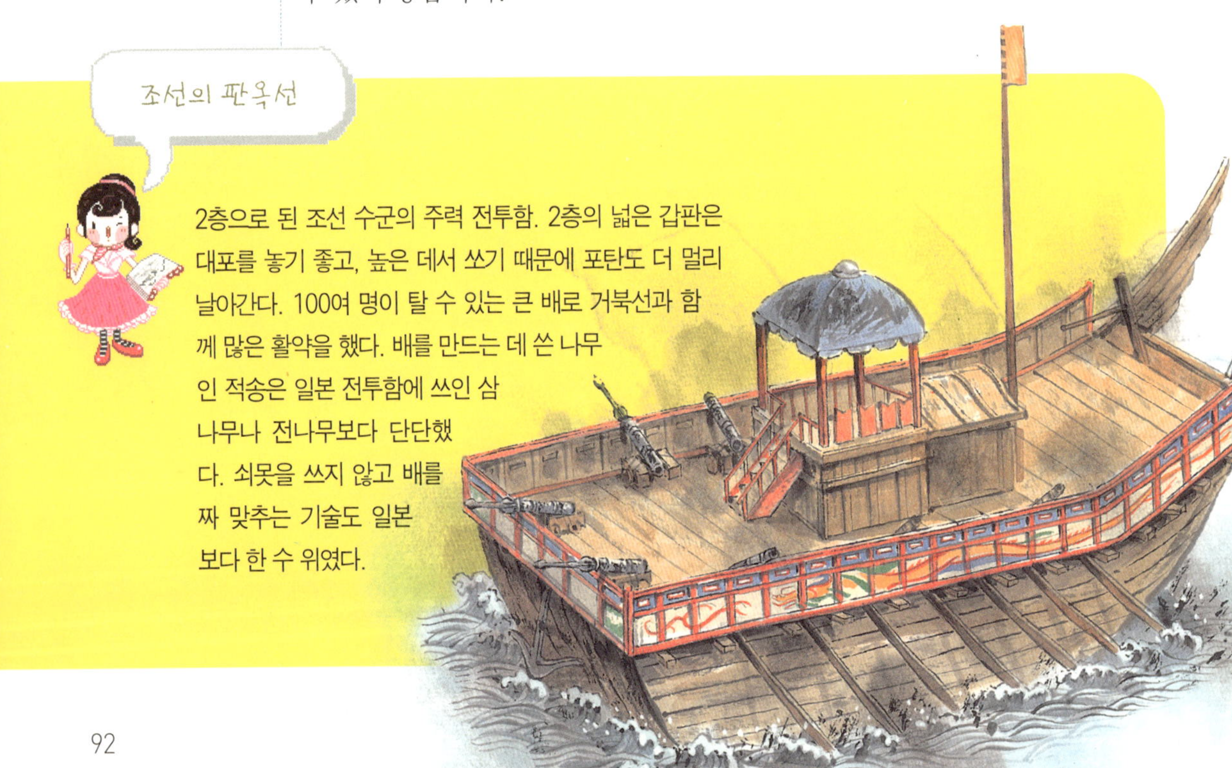

조선의 판옥선

2층으로 된 조선 수군의 주력 전투함. 2층의 넓은 갑판은 대포를 놓기 좋고, 높은 데서 쏘기 때문에 포탄도 더 멀리 날아간다. 100여 명이 탈 수 있는 큰 배로 거북선과 함께 많은 활약을 했다. 배를 만드는 데 쓴 나무인 적송은 일본 전투함에 쓰인 삼나무나 전나무보다 단단했다. 쇠못을 쓰지 않고 배를 짜 맞추는 기술도 일본보다 한 수 위였다.

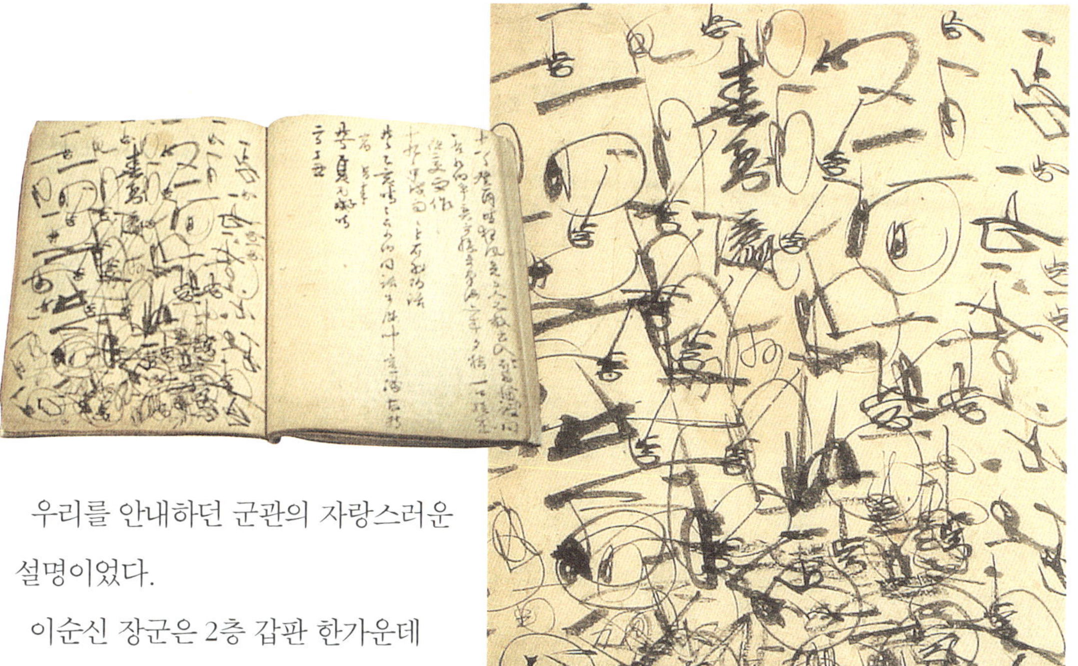

『난중일기』 중 이순신이 서명을 연습한 부분. 서명은 '舜臣(순신)'을 변형시킨 듯하다.

우리를 안내하던 군관의 자랑스러운 설명이었다.

이순신 장군은 2층 갑판 한가운데 설치된 망루에서 바다에 정박해 있는 수십 척의 배를 바라보며 생각에 잠겨 있었다. 그는 군관의 보고를 듣고 급히 내려와 우리를 맞았다.

엄청난 거구의 영웅을 생각했기 때문일까, 장군이 평범한 체구를 가진 40대 후반의 중년 남성이라는 것이 우리에게는 약간 충격이었다. 전쟁 때문에 고민이 많았던 탓일까? 이마에 깊게 패인 주름살 때문에 우리는 그분이 안쓰럽기까지 했다.

"왜선을 보았다고? 그래 규모가 어떠하더냐?"

장군은 우리에게는 인사를 건넬 틈도 주지 않고 김천손에게 물었다.

"오늘 미시(오후 2시)경에 대·중·소 합하여 약 70척의 왜선이 영등포와 거제를 거쳐서 견내량에 들어오는 걸 보았습니다."

2시경에 보았다니, 그렇다면 김천손은 20킬로미터나 떨어진 당포까지 네 시간 만에 달려왔다는 이야기 아닌가? 옛날 그리스가 마라톤이라는 들판에서 페르시아와 싸워 이겼을 때, 한 병사가 42.195킬로미터를

쉬지 않고 달려가 그 소식을 전하고 죽었다는 이야기가 생각났다. 김천손은 군인도 아닌데 이렇게 열성적으로 정보를 전한 걸 보니, 조선 수군이 일반 백성과 얼마나 끈끈한 협조 관계를 맺고 있는지 짐작할 수 있었다.

이순신 장군은 사태를 분명히 파악하기 위해 즉시 정탐병을 거제도 쪽으로 보냈다. 그들이 보내올 소식을 기다리는 동안 우리는 비로소 장군과 인사를 나누고 함께 저녁 식사를 할 수 있었다.

"궁금한 게 있어요. 지금까지 장군님은 왜군하고 싸워서 한 번도 안 졌다면서요? 어떻게 그럴 수 있죠? 육지에서는 불리하게 돌아가고 있는데……."

거북선은 장님 배?

거북선을 왜군은 '장님 배'라고 불렀다. 앞 못 보는 장님처럼 좌충우돌하며 총포를 쏘아대기 때문이다. 왜 수군은 적의 배에 뛰어들어 육박전을 벌이곤 했는데, 거북선에는 통하지 않았다. 이 배는 작은 판옥선에 쇠갑판을 씌우고 겉을 뾰족한 철침으로 덮은 것. 따라서 왜군은 그 위에 뛰어오르는 족족 찔려 죽곤 했다.

광현이가 장군 모습을 보고 편하다고 생각했는지 당돌하게 물었다. 하긴 그런 면이 광현의 장점이기는 했다. 장군은 육지에서 조선군이 밀리고 있는 상황을 다시 떠올리게 되어 시름에 잠긴 모양이었다. 광현이의 질문을 듣고도 한동안 말이 없었다. 그러자 함께 식사를 하던 나대용이라는 군관이 대신 대답했다.

"조선 수군이 이기고 있는 것은 왜 수군보다 화력이 우세하기 때문이야."

육지 전투에서 조선군이 왜군의 조총에 당했다고 해서 조선이 총, 포 등 화약 무기에서 일본보다 뒤떨어졌다고 생각하면 잘못이다. 조선은 오히려 일본보다 200년이나 앞서 화약 무기를 사용하기 시작했다. 조총이라는 새로운 개인용 화약 무기를 개발하지 못하고 있었을 뿐이다.

그런데 배와 배끼리 싸우는 바다 전투에서는 조총보다 대포가 큰 역할을 한다. 그리고 대포에서는 조선이 일본보다 앞서 있다. 이순신이 이끄는 전라좌수군은 그러한 장점을 최대한 살렸다고 한다.

"게다가 내가 만든 거북선이 있지. 화포를 쏘아댄 다음 거북선이 왜군 함대로 뚫고 들어가 닥치는 대로 부딪쳐 침몰시킨단다."

"하지만 탄금대에서는 왜군의 작은 조총 때문에 우리가 졌어요."

지수가 우울한 표정으로 혼잣말처럼 말했다.

"그것은 정말 안타까운 일이야. 조총이란 게 따지고 보면 그리 대단할 것도 없지만, 기존의 전투 방식으로는 상대가 되지 않는 위력과 속도를 지녔잖니? 내전을 치렀던 왜군이 우리보다 딱 한 발 앞서 그 무기에 적응했던 거라고. 하지만 그 정도 차이는 금방 극복할 수 있어. 나도 지금 장군의 명령으로 조총을 만들고 있는 중이란다."

그렇다! 일본이 군사적으로 별나게 우월해서 전쟁 초기에 승승장구하고 있었던 것이 아니다. 아차 하는 사이에 조선이 한발 뒤졌을 뿐이다. 그러나 임진왜란이 이전의 전쟁과는 달리 화약 무기를 본격적으로 사용하는 전면전이라면, 조선도 그런 전쟁을 잘 할 수 있는 능력과 무기를 가진 나라였다. 그것을 증명하고 있는 것이 바로 이순신의 전라좌수군이었다.

전라좌수사 이순신이 경상도 해안에 간 까닭은

임진왜란이 일어나자 왜 수군은 큰 어려움 없이 부산을 점령했다. 그리고 경상우수사 원균이 지키는 경상도 옥포를 향해 쳐들어갔다. 병력에서 열세였던 원균은 전라좌수사 이순신에게 지원을 요청했는데, 이순신은 처음에는 자기가 맡은 지역이 아니라며 움직이지 않았다. 그러다가 조정의 명령을 받고 옥포로 가서 왜 수군과 맞닥뜨리게 되었다. 이후 이순신이 이끄는 조선 수군은 왜군과 맞서 한 번도 지지 않았다.

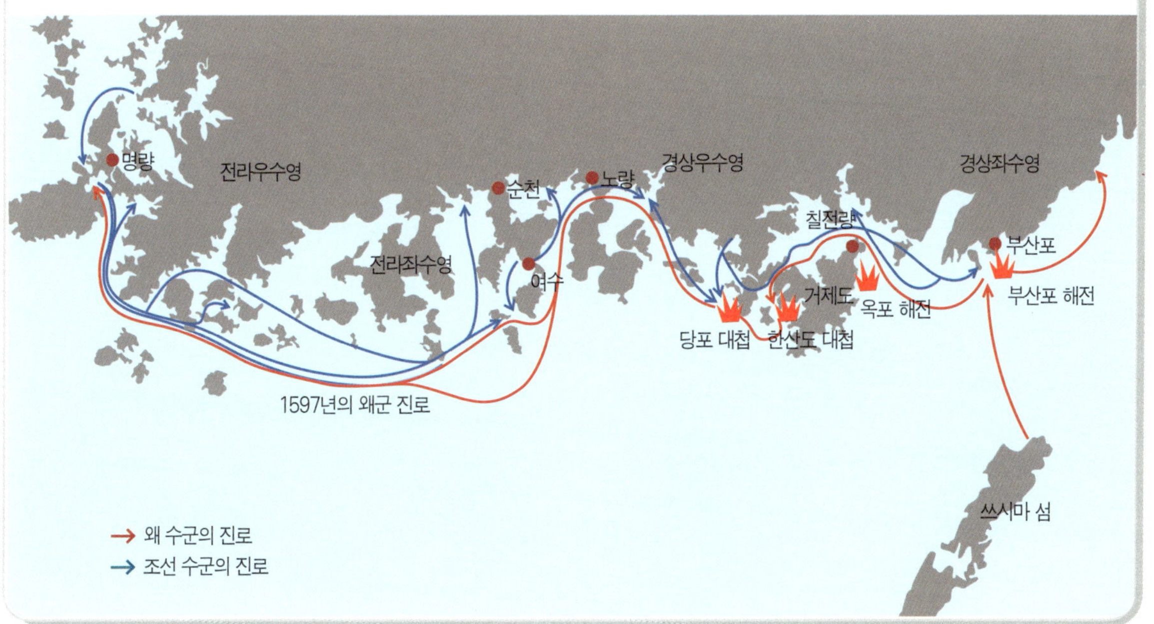

전쟁은 과학이다

척후병들이 돌아와서 왜군의 동정을 전했다. 이런 저런 정보를 종합해 보니 김천손이 목격했다는 내용이 틀림없었다.

이순신 장군은 곧 자신의 배에서 연합 작전회의를 소집했다. 말로만 듣던 쟁쟁한 장수들이 잇따라 갑판으로 올라왔다. 경상우수사 원균, 전라우수사 이억기, 순천부사 권준, 광양현감 어영담 등이었다.

먼저 이순신이 돌아가는 상황에 대해 보고를 했다.

"지금까지 우리는 연합 함대를 구성하여 왜 수군과의 싸움에서 순조롭게 승리해 왔소. 하지만 오늘 견내량에 들어온 왜군 함대는 지금까지 만나지 못한 대군 같소이다. 대선 36척, 중선 24척, 소선 13척으로 구성된 대함대입니다. 적이 기필코 전라도 해안으로 진출하여 한양으로 가는 바닷길을 확보하려는 것 같소."

회의장에는 긴장감이 감돌았다. 이순신 장군은 잠시 호흡을 가다듬고 계속했다.

"저들도 우리처럼 연합 함대를 편성한 것 같소만, 지금 견내량에 온 것은 와키자카 야스하루라는 장수의 함대라고 하오. 얼마 전 용인에서 조선의 10만 대군을 격파한 무서운 장수요. 또한 그의 단독 함대라고는 하지만 73척이나 되니 우리 연합 함대보다도 병력이 많습니다. 어려운 싸움이 될 것인즉 각자 대책을 말씀해 보시오."

장수들의 의견은 둘로 갈라졌다. 먼저 방답첨사 이순신이 나섰다. 그는 전라좌수사인 이순신 장군과 한글 이름은 같지만 한자는 다르게 썼다.*

*전라좌수사 이순신은 李舜臣이고 방답첨사 이순신은 李純信이다.

| 일본의 싸움배 |

세키부네 일본의 주력 전선. 좁고 길어서 빠르게 움직인다. 전투원은 3, 4십 명, 노는 4, 5십 개.

아다케(안택선) 일본 함대에서 가장 큰 배. 갑판 위에 집 모양의 지휘소가 있다. 배의 높이는 3층 건물 정도. 전체 길이는 30여 미터로서 조선의 판옥선보다 약간 길다. 갑판 위는 2층 구조로 되어 있다. 갑판 안에는 총포를 쏠 수 있는 구멍과 노 젓는 구멍이 있다. 노의 숫자는 90개. 아래 갑판에는 노를 젓는 요원이 들어가고, 위 갑판에는 전투요원이 탔다.

고바야 일본의 돌격선. 작은 배이지만 노가 12개로 비교적 많은 편. 전투가 시작되면 12명의 병력이 최대한 빨리 노를 저어 적의 전선에 접근한다. 그리고 적의 배에 올라 백병전을 벌이는 것이 대표적인 일본 수군의 전술이다.

승자총통과 화약통

"견내량은 물길이 좁고 암초가 많아서 큰 배가 회전하는 것이 어렵습니다. 따라서 먼저 미끼 배로써 적을 한산도 앞 넓은 바다로 유인한 다음, 우리의 화포를 이용하여 공격하는 게 좋을 듯합니다."

그러자 경상우수사 원균이 반박하고 나섰다.

"방답첨사의 의견은 옳지 않소. 적은 견내량 좁은 지역에 오밀조밀 몰려 있으니, 함대를 몰고 가 그대로 밀어 버립시다!"

원균 장군은 무관다운 기개가 넘쳐 보였다. 그런데 정면 승부를 펼치자는 그의 말을 듣자, 탄금대에서 장렬하게 전사한 신립 장군 생각이 났다. 신립 장군도 왜군과 정면 승부를 펼쳤다. 그러나 그 전략은 왜군이 가지고 있는 조총의 성능을 잘못 판단한 결과였다.

몇 차례의 전투를 지켜보고 군사전략가가 다 되어 버린 지수가 고개를 갸우뚱하며 속삭였다.

"왜 수군은 가까이서 벌이는 근접 전투에 강하고, 조선 수군은 거리를 두고 화포를 쏘아대는 포격전에 강하다면서? 그렇다면 방답첨사 말대로 넓은 바다로 끌어내어 거리를 두고 싸우는 게 좋은 것 아냐?"

조심스럽게 속삭였지만, 그 말이 원균 장군의 귀에 들렸는지 장군이 주위를 두리번거렸다. 지수는 황급히 말문을 닫았다.

역시 지수의 생각대로 작전 회의는 방답첨사의 의견 쪽으로 기울었다. 원균 장군도 마음에 들지는 않지만 여러 사람의 의견에 따르는 눈치였다.

이순신 장군이 말했다.

"견내량처럼 좁은 바다는 우리에게 유리하지 않소. 게다가 적을 해안에서 공격하면 궁지에 몰린 적이 육지로 올라가 백성에게 해를

이순신과 원균

두 사람은 힘을 합쳐 왜군과 싸웠지만, 이후 엇갈리는 운명을 맞았다. 전쟁이 일어난 이듬해(1593년) 이순신은 삼도수군통제사가 되어 원균을 거느리게 되었다. 1597년, 일본은 이중간첩을 시켜 자기네 장수 가토 기요마사가 곧 바다를 건널 것이라는 거짓 정보를 흘렸다. 그러자 조정은 이를 믿고 이순신에게 가토를 잡으라고 명령했다. 일본의 음모를 꿰뚫어 본 이순신이 명령을 따르지 않자, 조정은 그를 쫓아내고 대신 원균을 통제사에 임명했다. 원균은 그해 7월 칠천량이라는 곳에서 고니시 유키나가가 이끄는 왜군 대함대에게 크게 패하고 자신도 목숨을 잃었다(왼쪽 그림). 그러자 통제사로 돌아온 이순신은 남아 있는 12척의 배로 명량에서 왜군을 물리치고 바다를 지켰다. 그런 이순신도 노량 해전에서 철수하는 왜군과 싸우다 총탄을 맞고 장렬한 최후를 맞았다.

입힐 것이오. 한산도 앞바다로 유인하여 공격하면, 왜군이 도망갈 곳은 기껏해야 무인도올시다. 무인도로 올라가 봐야 먹을 것이 없어 오래 버티지 못할 것이오. 그러니 내일 아침 날이 밝는 대로 견내량 앞바다에 일(一)자진*을 칩시다. 견내량으로 들어가서 적군을 유인해 내는 일은 전라좌수군이 맡겠소. 그리고 적군을 끌어낸 뒤의 작전은 절대 보안이 필요하니 따로 통첩을 넣겠소."

*일렬로 늘어서는 진

장군의 말에는 자신의 판단에 대한 확신과 전투에 대한 비장한 각오가 서려 있었다. 탄금대에서 신립 장군은 적의 총포를 가볍게 보고 넓은 들판에서 승부를 걸었다면, 이제 이순신 장군은 아군의 총포를

한산도 싸움은 얼마나 중요한가

견내량에 들어간 왜군 사령관 와키자카는 경기도 용인에서 몇 천 명의 군사로 10만 명의 조선 관군을 무찌른 장수였다. 일본에서 전쟁을 총지휘하던 토요토미 히데요시는 와키자카를 칭찬하면서, 남쪽으로 내려가 이순신을 공격하도록 했다.

이순신이 이끄는 전라좌수군을 격파하고 전라도 해안으로 진출하면, 서해를 통해 각종 물자를 북쪽의 왜군에게 실어 나를 수 있었기 때문이다. 그렇게 되면 전쟁은 끝난 것이나 다름없었다. 따라서 한산도 싸움은 임진왜란의 운명을 가름하는 중대한 결전이었다.

믿고 넓은 바다에서 승부를 걸려 한다. 장군이 따로 알려 주겠다는 비밀 작전은 과연 무엇일까? 무척 궁금했지만 탄금대 전투를 바라보며 애태웠던 탓인지 일찍 잠에 떨어지고 말았다.

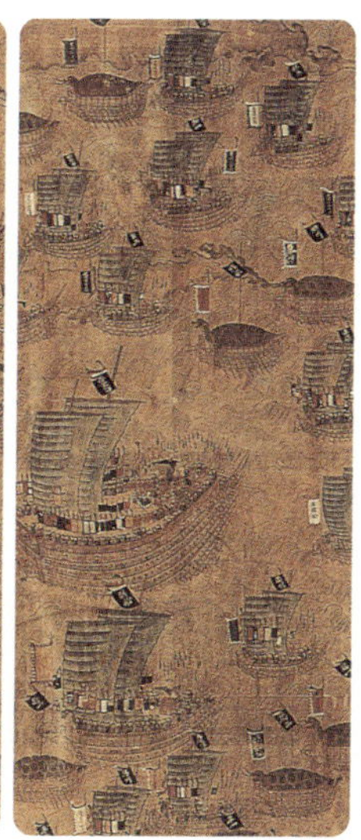

조선 수군이 훈련하는 모습

한산도 대첩 – 화포와 전략의 승리

결전의 날이 밝았다. 조선의 연합 함대는 아침 일찍 견내량으로 출동했다. 이순신 장군이 타고 있는 판옥선을 타고 눈부신 햇살을 받으며 나아가다 보니, 견내량으로 들어가는 해협 입구에서 왜군 정찰선들이 보였다. 이 배들은 잠시 꼼지락거리다가 곧 해협 안으로 내뺐다. 이제 곧 와키자카 장군에게 보고가 들어갈 것이다.

연합 함대는 이순신 장군의 작전대로 견내량에서 한산도 앞의 넓은 바다로 나오는 입구에 일자진을 쳤다. 일부 함대는 따로 빼어 한산도와 견내량 사이에 있는 섬들 뒤에 숨어 있도록 했다.

그렇게 진을 치고 얼마를 기다렸던가? 와키자카 함대는 꼼짝도 하지 않았다. 그러자 이순신 장군은 바로 옆에 있던 광양현감 어영담의 배를 바라보며 무겁게 명령을 내렸다.

"전위 함대 출격하라!"

환갑이 넘은 어영담 할아버지는 이를 꽉 물고 자신의 판옥선에 전진 명령을 내렸다. 그는 남해 바다의 물길을 누구보다 잘 알고 있는 사람으로, 적군을 유인하는 전위 함대의 지휘를 자청하고 나섰다. 사도첨사 김완도 몇 척의 판옥선을 이끌고 함께 나갔다.

유인을 하러 간다지만 어쨌든 전투를 벌여야 한다. 그러다 보면 속도에서만은 조선 배를 능가하는 일본 전투함들에 따라잡혀 몰살을 당할 수도 있다. 위험한 임무를 띠고 떠나는 그들의 뒷모습이 안타까워 보였다.

얼마 후 해협 안쪽에서 요란한 포성이 들려오고 전투가 시작되었다. 그러고도 한 30분 지났을까? 모두들 초조하게 지켜보고 있을 때 방향을 돌려

일본인의 눈에 비친 조선 수군

토요토미 히데요시의 일대기를 그린 『회본태합기』(오른쪽)와 그 속의 한 장면. 철갑을 두르고 바다를 꽉 메운 거북선을 향해 왜군의 돌격선이 돌진하고 있다. 거북선에는 용 머리가 없고 도리어 일본 배의 머리에 용이 그려져 있는 점이 특이하다. 위력적인 모습의 거북선에 비해 왜선이 초라해 보인다.

황자총통

조선의 화포

큰 순서에 따라 천자문의 처음 네 글자를 새겼다. 따라서 가장 큰 것이 '하늘 천(天)' 자를 새긴 천자총통이고 지(地)자총통, 현(玄)자총통, 황(黃)자총통이 뒤를 이었다. 천자총통은 포의 길이가 1.3미터이고 구경(총구멍의 지름)이 13센티미터였다. 이들 총통에 쇠화살이나 쇠포탄을 넣어 발사했는데, 왜선들은 맞는 족족 부서지고 깨어졌다.

현자총통 · 지자총통

도망쳐 오는 어영담 할아버지와 김완의 판옥선이 보였고, 그 뒤로 좁은 바다를 까맣게 뒤덮은 일본 함대가 모습을 드러냈다.

대장선인 아다케를 중심으로 양쪽에 세키부네를 두고 돌격선을 앞세운 와키자카 함대는 맹렬한 속도로 달려 나오고 있었다.

"엄호하라!"

날카로운 외침과 함께 일자진을 형성한 조선 함대도 포격을 시작했다. 그러나 맹렬한 속도로 진군해 오는 대함대를 저지하기에는 역부족이었다. 와키자카는 일자진을 부수기 위한 방법을 많이 연구한 것 같았다. 그래서 마치 신립 장군이 조총 부대를 향해 기병을 돌진시킨 것처럼, 조선 수군의 일자진을 향해 전속력으로 돌격하여 승부를 내겠다는 것 같았다.

"후퇴하라!"

다시 한번 명령이 떨어지고 조선의 함대는 일제히 뱃머리를 돌려 후퇴하기 시작했다. 우리는 당황했다.

"이거 뭐야? 우리가 지고 있잖아!"

"다른 섬에 숨었던 배들은 왜 안 나오는 거야?"

우리는 겁에 질려 마구 떠들어 댔다. 그러자 옆에 있던 군관이 다가와서 농담 반 진담 반으로 외쳤다.

"너희들 계속 그렇게 떠들어라. 적군이 너희들 모습을 보면 우리가 정말 당황해서 꽁무니를 뺀다고 믿겠구나!"

그 말을 듣고서야 우리는 이것도 다 계산된 작전이란 것을 알고 진정했다. 그렇게 몇 킬로미터를 더 도망갔을까, 드디어 판옥선들이 멈추어 서더니 둥둥 울리는 북소리를 신호 삼아 뱃머리를 돌리기 시작했다.

천자총통

바다에 떠 있는 거대한 나무배가 제자리에서 맴을 도는 모습은 놀라웠다. 그것은 배 밑바닥이 넓고 평평하기 때문에 가능한 일이었다. 밑바닥이 뾰족한 일본 배들이 그렇게 하려고 했다가는 기우뚱거리며 그대로 바닷물에 처박히고 말았을 것이다.

"학익진*을 펴라!"

이순신 장군의 명령과 함께 양쪽 측면에 포진한 배들이 앞으로 나아갔다. 그리고는 전체적으로 학 날개 모양의 대형을 만들기 시작했다. 다른 섬들 뒤로

*학익진
배들이 학 날개 모양으로 적 함대를 에워싸고 사격을 퍼붓는 진법

숨었던 배들도 달려 나와 학익진에 합세했다. 정신없이 추격해 오던 왜군 함대는 갑자기 학의 날개 속으로 들어온 꼴이 되고 말았다.

"발포하라! 한 척도 남겨 두지 말고 격침시켜라!"

이순신 장군의 피를 토하듯 하는 외침과 함께 천자총통, 지자총통 등 함포가 일제히 불을 뿜고 수많은 화살이 하늘을 까맣게 뒤덮으며 적선을 향해 날아갔다. 총구의 지름이 13센티미터나 되는 천자총통에서는 로켓처럼 보이는 포탄이 날아가기도 했는데, 자세히 보니 무게가 30킬로그램이나 나가는 거대한 화살이었다.

적의 선봉에 섰던 주력선 두세 척이 순식간에 불에 휩싸였고, 꼬리를

물고 뒤따르던 적선들은 대형을 갖추려고 안간힘을 썼으나 서로 뒤섞인 채 좌충우돌하고 있었다.

"돌격하라! 한 놈도 남기지 말고 죽여라!"

이런 명령과 함께 세 척의 거북선이 용머리에서 불을 뿜으며 달려 나갔다. 판옥선에 철갑을 입힌 이 '장님 배'는 양 옆으로 포를 쏘아대면서도 닥치는 대로 적선에 부딪쳐 부수고 가라앉혔다. 판옥선들도 뒤따라 돌진하여 적선과 충돌했고, 사기가 충천한 병사들은 적선으로 뛰어올라 보이는 대로 왜군을 베었다.

그렇게 하루 종일 싸운 끝에 바다에 어둠이 내렸다. 이순신 장군은 전투 중지 명령을 내렸다. 침몰하고 파괴된 적선의 수를 헤아려 보니

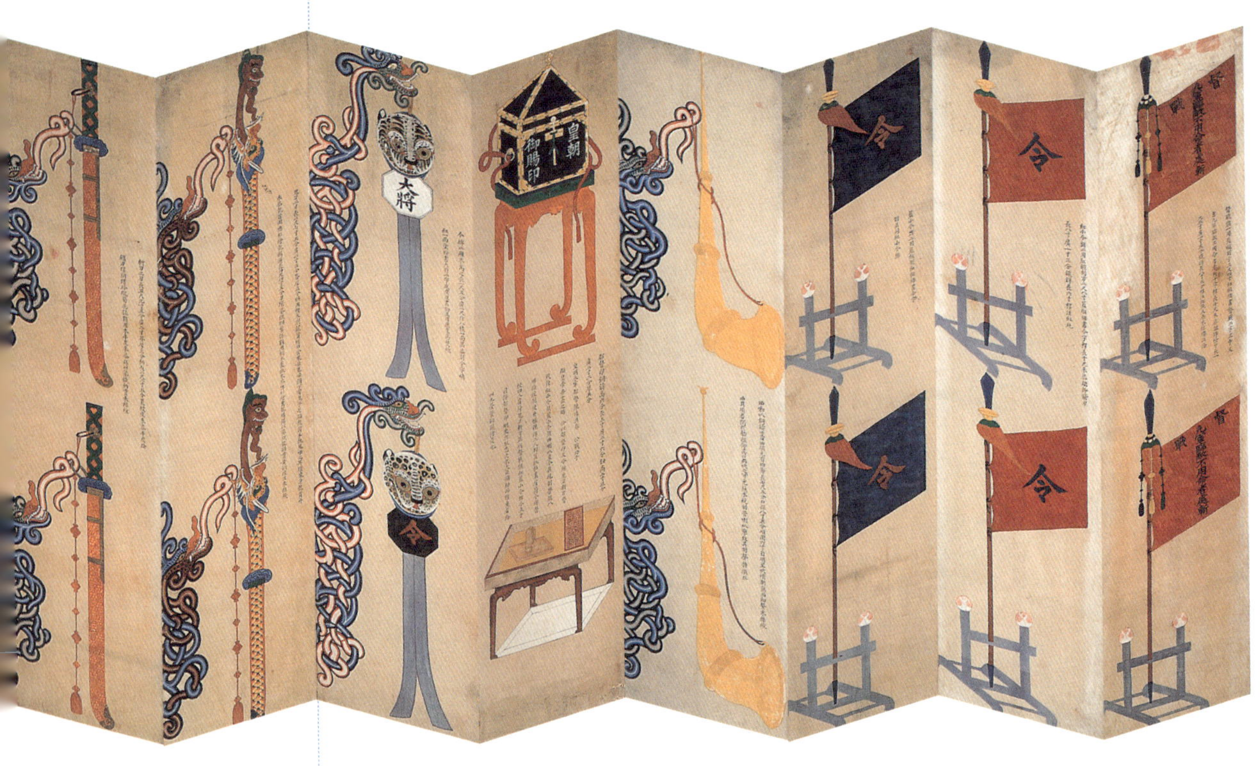

명나라 황제가 이순신에게 선사했다는 여덟 가지 물품을 그린 「팔사품도」 병풍

59척에 이르렀다. 왜군 함대의 사령관 와키자카 장군은 갑옷에 화살을 맞은 채 구사일생으로 살아남아 전선 14척을 이끌고 도망쳤다고 한다. 침몰된 배에서 살아남은 왜군 병사들은 부근 무인도로 헤엄쳐 들어갔다. 이순신 장군이 작전 회의에서 했던 말대로 그들은 무인도에서 오래 견디기 힘들 것이다.

와 하는 군사들의 함성이 한산도 앞바다에 울려 퍼졌고, 우리는 감격해서 군사들과 얼싸안고 덩실덩실 춤을 추었다.

완벽한 승리였다. 한산도 해전은 화약 무기가 전쟁의 승패를 좌우하게 되었다는 것을 잘 보여 주었다. 물론 조선 수군이 왜군보다 강력한 화약 무기를 가졌다는 이유만으로 이긴 것은 아니었다. 더 좋은 무기를 가졌어도 그것을 잘 활용할 수 있는 전략이 없었으면 어떻게 되었을지 모른다. 그런데 조선 수군은 왜군 함대를 한 곳에 몰아 넣고 화포를 집중적으로 퍼부을 수 있는 학익진을 썼다. 학익진은 정말 천재적인 전략이었다.

앞으로 조선군은 바다에서뿐만 아니라 육지에서도 새로운 화약 무기를 개발하고 체제를 정비하여 전쟁 전체를 승리로 이끌 것이다.

한산도 대첩과 세계 해전사

1905년 러일 전쟁 때 일본은 '정(丁)' 자 전법이라는 작전을 사용하여 세계 최강이던 러시아 함대를 깨뜨렸다. 한 줄로 전진하다가 적 함대 앞에서 함대를 丁모양으로 세우고 일제사격을 퍼붓는 방법이다. 이 전법은 학익진을 응용한 것이라고 알려져 있다. 당시 일본 해군을 지휘했던 도고 헤이아치 제독은 출전하기 전에 이순신 장군에게 승리를 기원했다고 한다.

이처럼 한산도 대첩은 300년 뒤에 벌어진 해전에까지 영향을 미쳤다. 임진왜란 전까지만 해도 바다에서의 전투는 으레 전함끼리 부딪치며 싸우는 것으로 여겨졌는데, 한산도 대첩은 그런 생각을 확 바꾸어 놓은 획기적인 전투였다.

러일 전쟁 때 러시아 항구를 포격하는 일본 함대

「평양성 탈환도」 병풍. 1593년 1월 조선군과 명나라 군대의 연합군은 왜군이 점령한 평양성을 공격하여 이 성을 되찾았다.

| 임진왜란-7년간의 국제 전쟁 |

일본 역사는 "한산도 대첩으로 토요토미 히데요시의 조선 정벌이 사형 선고를 받았다."라고 말한다. 그러나 이후로도 전쟁은 명나라까지 끌어들인 국제전으로 커지면서 7년이나 이어졌다. 그 기나긴 과정은 여러 가지 생각할 거리를 우리에게 남겨 주고 있다.

토요토미 히데요시

전쟁 초기 동래성의 전투

의병을 일으킨 서산대사

1 명나라가 조선을 도우러 오다

선조는 피난 도중에 명나라에 사신을 파견하여 구원을 요청했다. 명나라는 7월과 12월에 두 차례의 지원군을 보냈다. 이후 조선의 작전권은 명나라 장군 이여송에게 넘어갔다. 명나라는 왜군을 격퇴하는 데 도움을 주었으나, 반격에 나서는 조선의 뒤통수를 치기도 했다. 명나라 관리 심유경이 왜군의 고니시 유키나가와 벌인 협상이 특히 그러했다. 일본은 조선의 절반(강원도, 충청도, 전라도, 경상도)을 내놓으라는 요구까지 했는데, 심유경은 이처럼 조선의 운명이 걸린 일조차 조선과의 의논 없이 마음대로 협상해 나갔다.

조선 장수의 투구와 갑옷

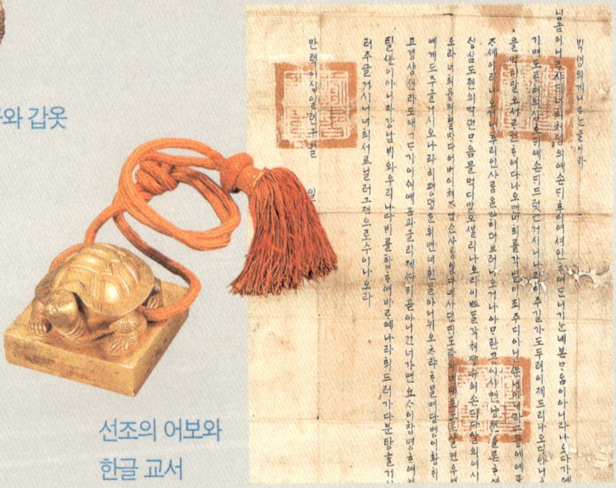

선조의 어보와 한글 교서

의병을 일으킨 사명대사

정문부 장군이 의병을 모아 왜군을 물리친 북관 대첩

2 조선군이 반격에 나서고 의병이 맹활약하다

조선의 관군과 의병은 초기의 패배를 극복하고 차츰 전세를 뒤집어 갔다. 1592년 10월 진주성에서 김시민 장군이, 1593년 2월 행주산성에서는 권율 장군이 일본의 대군을 크게 물리쳤다. 이 두 승전을 한산도 대첩과 함께 임진왜란의 3대첩이라고 한다.

승장(僧將), 즉 의병을 이끈 승려 장수가 사용한 도장

『분충서난록』
경상 남도 밀양 표충사에서 펴낸 사명대사와 임진왜란의 기록

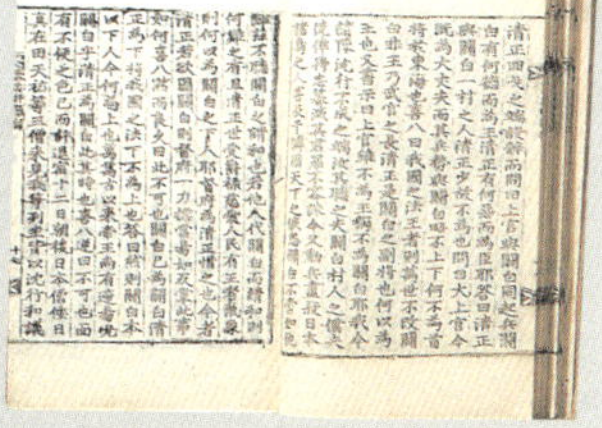

호준포
중국에서 들어온 화포로, 앉아 있는 호랑이 모습을 하고 있다.

3 물러갔던 왜군이 다시 쳐들어오다

명나라와 일본 사이에 지루하게 이어지던 협상은 결렬되었다. 조선의 운명을 갖고 장난치던 심유경은 본국으로 소환되어 처형되었다. 일본은 1597년(정유년) 다시 공격을 개시했고 명나라도 다시 원군을 보냈다.

이번에는 처음과 다른 상황이 벌어졌다. 이순신이 무고로 투옥된 뒤 원균이 지휘하던 수군은 패배했지만, 육지에서는 호락호락하지 않았다. 한양이 다시 함락되는 일은 없었고, 감옥에서 돌아온 이순신은 명량에서 12척의 배로 적의 대함대를 격파했다. 1598년 8월 18일 토요토미가 병으로 죽자 왜군은 그의 유언에 따라 철수했다. 이순신 장군은 철수하는 왜군을 노량에서 공격하다가 적이 쏜 총탄에 맞아 사망했다.

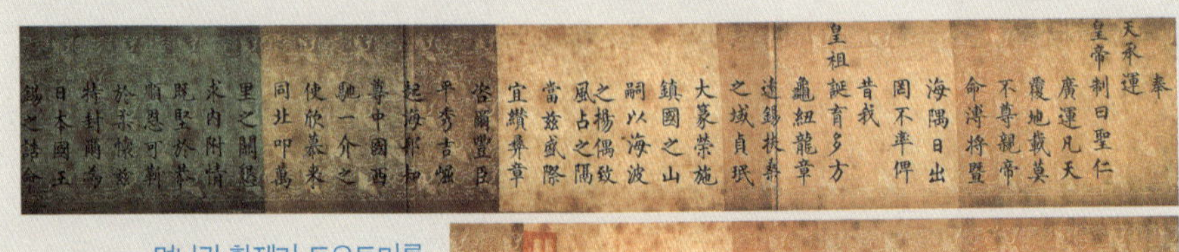

奉天承運皇帝制曰聖仁廣運凡天覆地載莫不尊親帝命溥將暨海隅日出罔不率俾昔我皇祖誕育多方龜紐龍章遠錫扶桑之域貞珉大篆榮施鎮國之山嗣以海波之揚偶致風占之隔當茲盛際宜纘彝章咨爾豐臣平秀吉崛起海邦知尊中國西馳一介之使欣慕來同北叩萬里之關懇求內附情既堅於恭順恩可靳於柔懷茲特封爾為日本國王錫之誥命

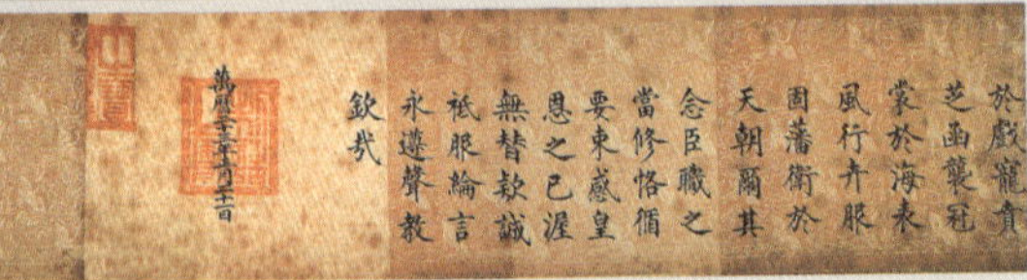

於戲寵貴芝函襲冠裳於海表風行卉服固藩衛於天朝爾其念臣職之當修恪循要束感皇恩之已渥無替款誠祗服綸言永遵聲教欽哉

명나라 황제가 토요토미를 일본국왕에 책봉하는 문서

비격진천뢰(오른쪽)
임진왜란 때 발명된 신무기. 탄환 속에 화약, 철편, 신관을 넣어 만든다. 왼쪽은 철환.

명량해전도

명량 대첩 그림

대완구
비격진천뢰(오른쪽)를 발사하는 데 사용한 대포

4 전쟁이 끝나고 동아시아 삼국의 운명이 바뀌다

전쟁 당사자였던 세 나라 가운데 전쟁터가 된 조선은 가장 큰 피해를 입었다. 많은 사람이 죽고 논밭이 황폐화되고 경복궁 등 수많은 건물과 책, 미술품 등이 불타고 약탈당했다. 그러나 전쟁에 참가한 세 나라의 정권 가운데 살아남은 것은 조선 왕조뿐이었다.

일본은 토요토미가 뜻을 이루지 못한 채 사망하자 도쿠가와 이에야스가 쉽게 정권을 잡았다. 명나라는 대군을 조선에 파견하여 국력을 크게 소모한 탓에 재정이 어려워졌고, 그 사이에 만주족이 세력을 키웠다. 결국 명나라는 중국 대륙의 주인 자리를 만주족의 청나라에 내주고 말았다. 이처럼 임진왜란은 동아시아에 거대한 변화를 몰아온 큰 사건이었다.

토요토미의「절명시」

이런 상황에서 조선 왕조가 무너지지 않은 이유는 무엇일까? 그것은 조선 왕조의 버팀목인 사대부 세력이 전쟁 전에 이미 사회의 중심 세력으로 확고한 자리를 잡고 있었기 때문이다. 전쟁 중에 노비 문서가 없어지고 신분 질서가 흔들렸지만, 사대부 세력은 뒤이은 병자호란의 상처까지 이겨내고 18세기 영 · 정조 시대에 제2의 전성기를 이끌어냈다.

조선의 승전무

일본으로 끌려간 조선의 도공들은 일본 도자기의 발전에 큰 공을 세웠다.

청나라 군대 갑옷

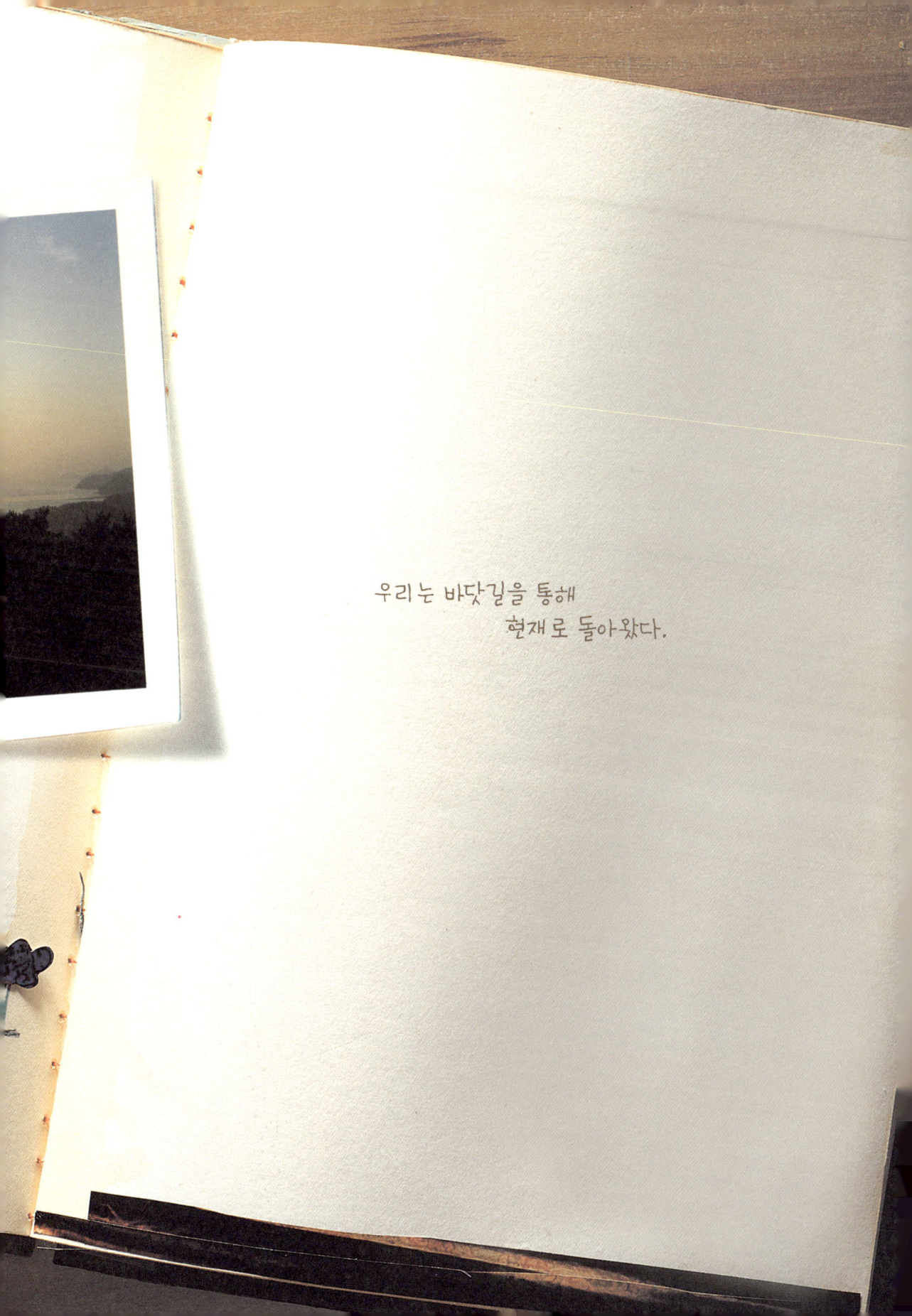

우리는 바닷길을 통해
현재로 돌아왔다.

옛 전쟁 탐험을 마치며 : 평화는 만들어가는 것

우리는 자랑스러운 조선 수군과 작별 인사를 하고 나대용 군관이 마련해 준 배를 타고 한산도를 떠났다. 귀청을 찢는 듯한 포성과 배끼리 우지끈거리며 부서지는 소리를 하루 종일 듣고 난 터라 바다 위에서 정신없이 잠에 빠져들었던 것 같다.

배는 밤새 400여 년 세월의 벽을 넘어 우리 시대의 서해를 헤쳐 가고 있었다. 푸른 물결, 점점이 흩뿌려진 섬들. 지난 밤 천지현황 총통들이 불을 뿜기 전까지 보았던 한산도 앞바다와 다르지 않은 풍경이었다.

그때 갑자기 귀를 째는 사이렌 소리와 함께 다급한 방송음이 우리가 오랜만에 누리는 한적한 평화로움을 깨 버렸다.

"경고한다. 귀선은 지금 북방한계선을 넘어가고 있다. 속히 귀환하라! 속히 귀환하라!"

그리고 가까운 곳에서 시커먼 배가 거대한 포를 내밀고 쑤욱 나타났다. 대한 민국 해군 경비정이었다.

"빨리 배를 돌려! 쏠 것 같아!"

우리는 발을 동동 구르며 배 밑으로 내려가 노를 저어 댔지만, 배는 꼼짝도 하지 않고 물결에 떠밀려가고 있었다. 하는 수 없이 우리는 선실에 널브러져 있던 하얀 깃발을 들고 나가 마구 흔들어 댔다. 그러자 경비정은 줄을 던져 우리 배를 끌어당긴 다음 줄사다리를 늘어뜨려 우리를 올려 주었다.

그리하여 해군 아저씨들과 함께 돌아오는 뱃길에서 우리는 대한 민국이 아직도 전쟁이 완전히 끝나지 않은 상태라는 것을 깨달을 수 있었다. 그것도 을지문덕과 이순신 장군을 공통의 조상을 받들고 있는

북방한계선 (Northern Limit Line)

1953년 한국 전쟁이 끝난 직후 클라크 주한 유엔군 사령관이 서해에 그은 해상 경계선. 백령도 · 대청도 · 소청도 · 연평도 · 우도 등 서해 5개 섬 북쪽 끝과 북한 측에서 관할하는 옹진반도 사이의 중간선을 가리킨다. 북한은 1973년 들어 서해 5개 섬 주변을 북한 연해라고 주장하면서 남한과 충돌을 빚어 왔다.

북방한계선(NLL)에서 일어난 남북간의 서해 교전

같은 민족끼리의 전쟁이.

"전쟁은 다 나쁜 거야.
하지만 그 가운데서도 동족끼리 피를 흘리는
전쟁은 다시는 하지 말아야 돼."

선생님이 힘을 주어 말씀하셨다. 우리는 고개를 끄덕였다. 우리는 전쟁을 할 수밖에 없는 상황도 있고, 그럴 때는 용감하게 싸워야 한다는 것을 이번 탐험에서 배웠다. 그러나 같은 민족끼리 벌이는

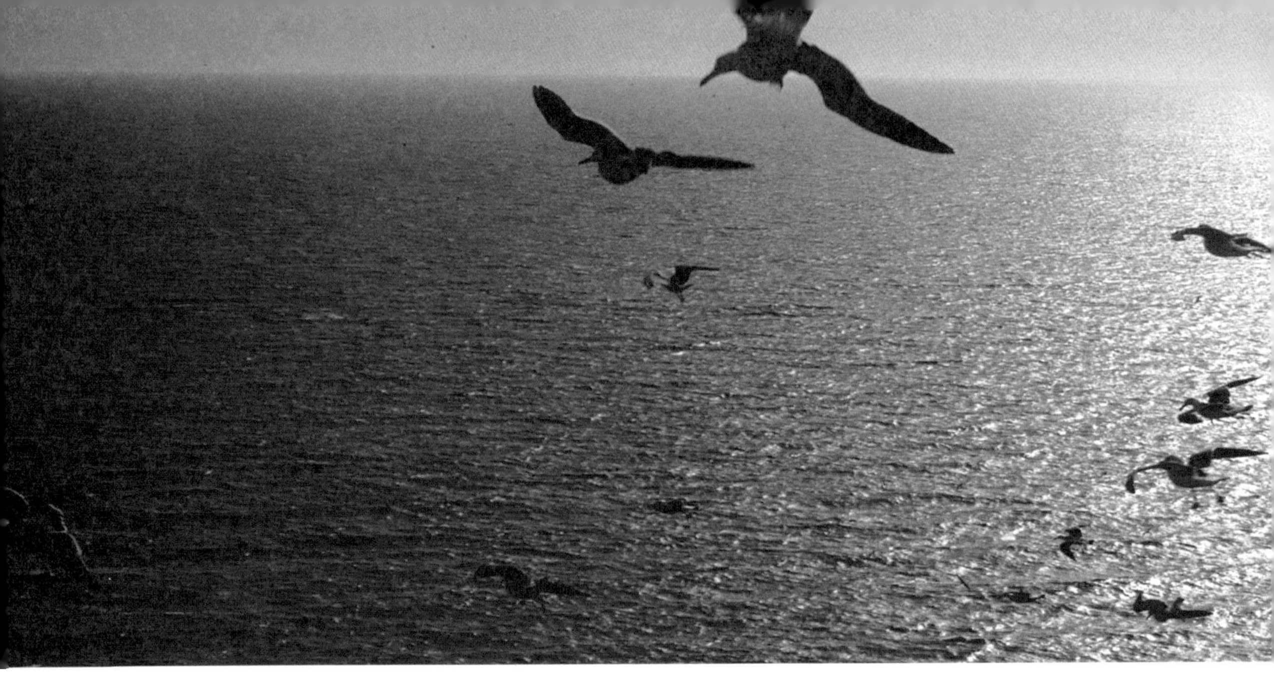

전쟁은 정말이지 하지 말아야 할 전쟁 아닌가?

"그러려면 우리 힘이 강해져야 한단다. 따지고 보면 한국 전쟁도 일제를 우리 힘으로 몰아내고 나라가 분단되는 것을 막았다면 일어나지 않았을 전쟁이잖아?"

선생님이 이렇게 말씀하시자 지수가 맞장구를 쳤다.

"그래요! 오늘처럼 평화로운 서해에서 죽을 뻔한 일도 일어나지 않았을 거고요."

우리는 또 고개를 끄덕였다. 그때 광현이가 심각한 표정이 되더니 물었다.

"이번 옛 전쟁 탐험에서도 봤지만 전쟁은 2500년 전에도 일어났어요. 그리고 뒤로 오면서 점점 커지고 무서워졌어요. 전쟁이 없었던 시대는 없는 것 같아요. 그렇다면 앞으로도 전쟁은 계속 일어날 수밖에 없는 건가요?"

그 말을 듣고 우리는 모두 우울해졌다. 정말 인류가 있는 한 전쟁은 없어지지 않을 것이고, 거기서 살아남으려면 군사력을 키울 수밖에 없는 것일까?

"그렇지 않아!" 하고 선생님이 단호하게 말씀하셨다.

"전쟁이 진화해 온 만큼 전쟁을 억제하는 힘도 진화해 왔으니까. 2차 세계대전 이후 인류는 부당하게 전쟁을 일으킨 사람을 범죄자로 처단하기 시작했어. 막연히 전쟁을 무서워하거나 피하지 말고, 왜 전쟁이 일어나고 누가 전쟁을 일으키는지 눈에 불을 켜고 감시하면 전쟁을 없애는 방법도 얻을 수 있을 거야."

그러면서 선생님은 '평화의 발명'이라는 말씀을 하셨다. 옛날에는 전쟁이라는 것을 인류 사회에서 어쩔 수 없이 일어나는 것으로만 생각했다. 그런데 근대 들어와서 인간이 노력하면 전쟁을 줄이거나 없애고 평화를 누릴 수 있다는 생각을 하게 되었다고 한다. 전쟁이라는 바이러스가 무섭게 번식하자 이를 퇴치하는 평화라는 백신이 발명된 것이다.

우리의 토론을 들으며 군인 아저씨들이 박수를 쳤다. 밝은 태양이 내리비치는 바다에서는 점점이 떠 있는 섬들 사이로 갈매기들이 평화롭게 날아다니고 있었다.

전쟁과 무기의 역사

고대의 전쟁 청동기 시대부터 남북국 시대까지

고대의 전쟁은 부족과 부족을 합치고, 나라와 나라를 합쳐서 통일된 국가로 나아가게 하는 역할을 했다. 만주와 한반도에서도 청동기 시대 이래 수많은 전쟁이 일어나 고조선, 부여 등 초기 국가의 탄생을 이끌어냈다.

고조선이 중국 한나라의 침략을 받아 멸망한 뒤(기원전 108년), 옛 고조선 땅에서 일어난 고구려는 잇따라 전쟁을 벌여 중국 세력을 몰아내고 강력한 고대 국가로 성장했다. 한반도 남쪽에서는 마한 · 진한 · 변한으로 불리던 부족 연맹 집단들이 정복 전쟁을 거치면서 백제 · 신라 · 가야라는 고대 국가로 발전했다. 고구려 · 백제와 신라가 주도한 삼국 시대는 자고 일어나면 전쟁이 터지는, 우리 역사상 가장 전쟁이 잦은 시대였다.

청동기 시대 바퀴날도끼(위 왼쪽), 톱니날도끼(위 오른쪽), 비파형 동검

청동 꺽창
전차를 많이 사용한 고대 중국에서 널리 사용되었으나, 우리나라에는 드물었다.

고구려를 계승한 발해의 투구

성을 공격하는 고구려 중장 기병

적의 목을 치는 고구려 무사

서로 영역을 맞댄 삼국은 통일될 때까지 양보할 수 없는 경쟁을 펼쳤다. 먼저 백제군이 평양까지 쳐들어가 고구려의 고국원왕을 죽였다(371년). 그 후 고구려의 장수왕은 복수전을 펼쳐 백제의 개로왕을 죽이고 백제가 차지하고 있던 한강 유역을 빼앗았다(475년).

남쪽으로 쫓겨간 백제는 복수의 칼을 간 끝에 신라와 손을 잡고 한강을 되찾았지만, 그것도 잠깐이었다. 신라가 백제마저 밀어내고 한강 유역을 독차지했기 때문이다(554년).

그 후 계속 힘을 키운 신라는 고구려와 백제를 멸망시킨 뒤, 한반도 전체를 노리는 중국 당나라와의 전쟁에서 승리하고 한반도 최초의 통일 국가가 되었다(676년).

신라의 창

가야의 방패 꾸미개

삼국 시대 화살통

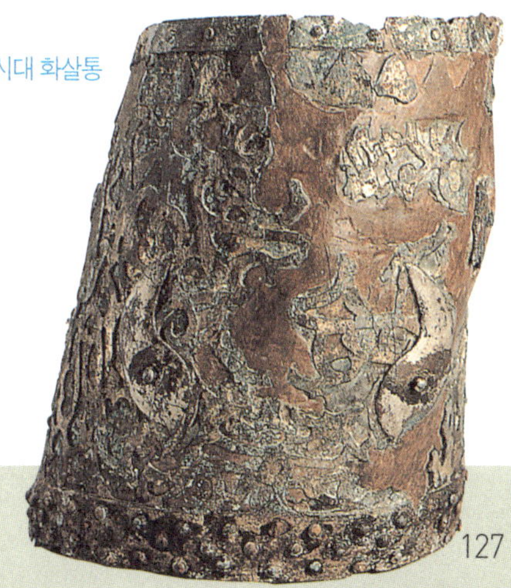

전쟁의 역사 ❷

중세의 전쟁 고려 시대부터 조선 전기까지

고려 시대 해마기

중세의 일본과 유럽은 무사 계급이 지방을 나누어 통치하는 봉건 사회였다. 전문적인 무사 집단끼리 벌이는 전쟁이 나라 안팎에서 자주 일어났다. 그러나 한반도에서는 신라의 불완전한 통일을 극복한 고려가 일찌감치 중앙집권적 국가 체제를 완성했다. 고려는 신라 말기에 후삼국으로 갈라졌던 한반도를 다시 통일했을 뿐 아니라(936년), 옛 고구려 땅에서 일어났던 발해가 거란족에게 망하자 발해 유민도 적극적으로 받아들였다. 이렇게 한반도를 영역으로 하는 민족의 기본 틀이 확립된 뒤, 한반도가 여러 나라로 갈라져 전쟁을 벌이는 일은 천 년 동안 일어나지 않았다. 중세 한반도에서 일어난 전쟁은 주로 바깥의 침략 세력에 맞서 나라를 지키기 위한 방어 전쟁이었다.

고려 시대 갑주와 조선 시대 청룡도

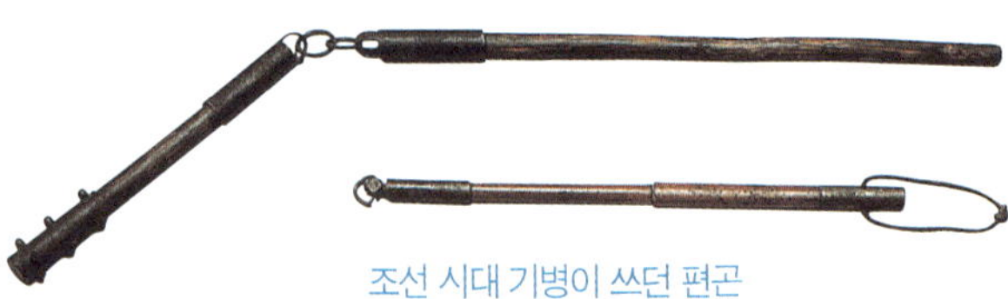
조선 시대 기병이 쓰던 편곤

고려 때 윤관이 여진족을 물리치고 비를 세우는 모습

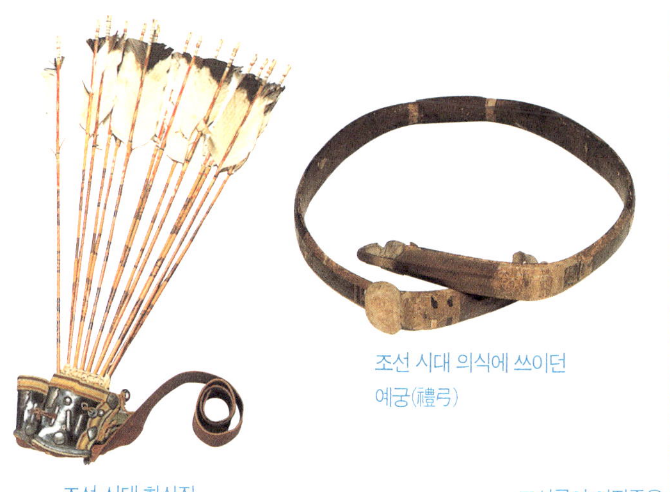

조선 시대 화살집

조선 시대 의식에 쓰이던 예궁(禮弓)

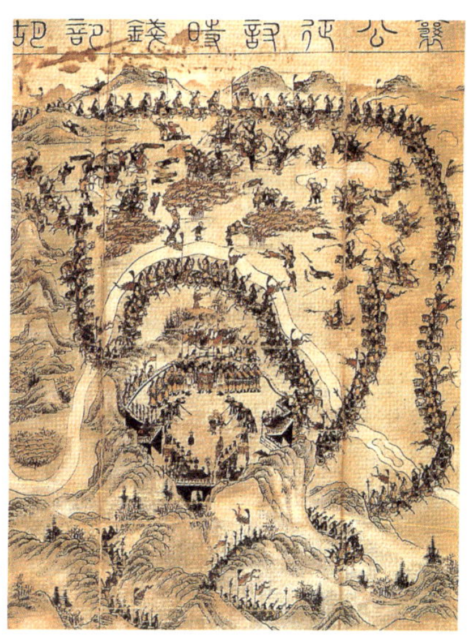

조선군이 여진족을 물리치는 모습

첫 번째 침략자는 발해를 멸망시킨 거란족의 요나라였다. 고려가 요나라의 적인 중국 남쪽의 송나라하고만 친하게 지내자, 요나라는 송나라와 전쟁을 벌이기에 앞서 고려부터 침공했다. 첫 번째 침략 때 고려 관리 서희는 북쪽 국경의 안전만 보장해 주면 관계를 개선하겠다는 약속을 하고 요나라군을 돌려보냈다(993년). 그러나 뜻하는 대로 관계 개선이 이루어지지 않자 두 차례나 더 쳐들어온 요나라는 강력한 고려군의 반격에 연거푸 패배를 당하고 말았다.

요나라 못지 않게 고려와 자주 전쟁을 벌인 북방 세력은 만주의 여진족이었다. 여진족은 고려뿐 아니라 조선 시대에도 자주 쳐들어왔다. 그러나 뭐니 뭐니 해도 고려가 겪은 최대의 전쟁은 몽고의 침략이었다(1231~1259년). 고려의 무인 정권이 강화도로 옮겨 가서 30년 가까이 항전하는 동안, 본토는 몽고군의 말발굽 아래 쑥대밭이 되었다. 그때까지만 해도 고려인 사이에는 서로 신라의 후예이니 백제의 후예이니 하는 분열 의식이 있었다. 그러나 거대한 적과 전쟁을 치르면서 그런 생각은 쑥 들어가고 모두가 공동운명체라는 의식이 자리 잡히게 되었다.

고려가 몽고군을 물리치려는 염원으로 만든 팔만대장경

고려 말의 원나라 총통
전쟁의 패러다임을 근본적으로
바꾸어 놓은 발명품

전쟁의 역사 ❸

근 · 현대의 전쟁 조선 후기부터 남북한까지

조선 시대 중포

조선 시대 십연자포

무기만 놓고 보면 근대 전쟁의 핵심은 화포를 사용한 대량 파괴에 있는데, 임진왜란은 그런 모습을 보여주었다. 화포가 등장하기 이전에 최고의 무기는 말이었다. 고구려가 전쟁에 강했던 것도 막강한 중장 기병이 있었기 때문이다. 그러나 화포가 발달하면서 기병의 위력은 점점 떨어져 갔다. 임진왜란 초기에 신립이 이끄는 정예 기병대가 일본군 조총 부대의 집중 사격 앞에 쓰러져 간 것이 좋은 예이다.

조선은 임진왜란이 끝난 지 30년도 안 되어 두 차례나 만주족의 침략을 겪어야 했다. 두 번째인 병자호란 때 남한산성에 피신했던 인조는, 청나라(만주족이 세운 중국 왕조) 군대가 쏘아대는 포탄 앞에서 단단한 돌벽이 무너져 내리는 것을 똑똑히 보아야 했다(1636년).

조선은 잇따른 전쟁의 후유증을 잘 이겨내고 오랫동안 큰 전쟁 없는 태평성대를 보냈다. 그러나 화포를 중심으로 전법과 무기를 발달시켜 나가던 서구 열강에 대비할 생각은 하지 못했다. 그것은 조선을 꼼짝 못하게 했던 청나라도 마찬가지여서, 이 나라는 1842년 영국과의 아편 전쟁에서

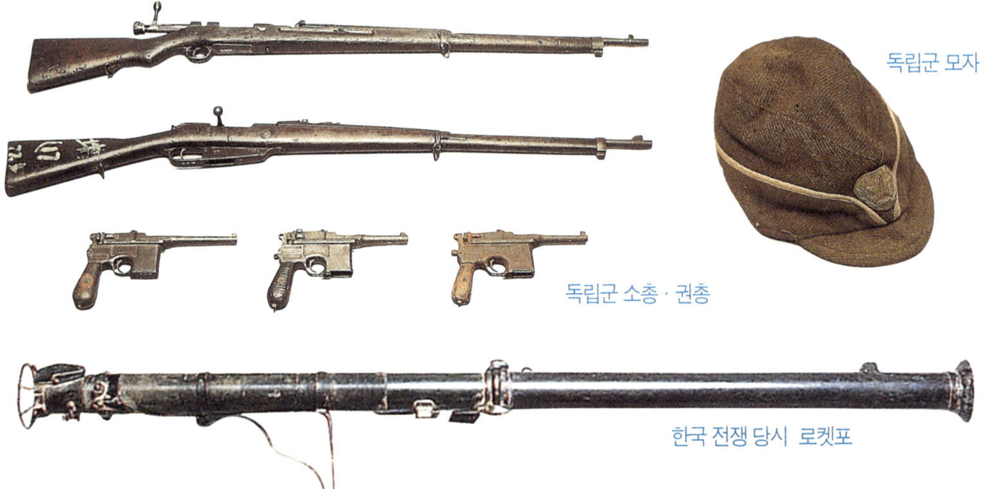

독립군 모자

독립군 소총 · 권총

한국 전쟁 당시 로켓포

한국 전쟁 당시 B-29 폭격기 폭탄

한국 전쟁에 참전한 미군 스미스 부대기

치욕적인 패배를 당하고 말았다. 중국을 반식민지로 만들어 버린 열강은 일본의 문을 열고 조선에도 군대를 보냈다. 조선은 프랑스와 미국의 소규모 함대와 맞서 힘겨운 승리를 거두었으나, 오래 버틸 힘을 가지고 있지 않았다. 그리하여 재빨리 근대화를 이룩한 일본이 불법적으로 조선의 국권을 빼앗을 때, 조선에는 최후의 저항이라도 벌일 변변한 정규군조차 남아 있지 않았다.

그 후의 전쟁사는 나라를 되찾기 위한 독립군의 유격전에서 해방 뒤 분단된 나라에서 벌어진 동족상잔으로 이어졌다. 한국 전쟁과 남북 대립을 겪으면서 남북한의 군사력은 놀랄 만큼 빠르게 발전했다. 고대의 전쟁은 흩어져 있던 마을과 나라를 통합하는 '필요악'의 역할을 하기도 했지만, 이제 더 이상 그런 일은 없을 것 같다. 총탄이 핵폭탄으로 진화한 오늘날, 전쟁은 모든 것을 파괴할 수도 있기 때문이다.

중국군 참전 기장

국군 모자

국군의 경기관총(위)과 북한 인민군의 경기관총

핵폭발로 폐허가 된 일본 나가사키

전쟁을 반대하는 평화 시위대(위)
미군에게 폭격 당하는 이라크의 수도 바그다드(아래)

1, 2차 세계대전에서 대량 파괴와 살상을 경험한 사람들은 다시는 전쟁을 겪고 싶지 않았다. 그래서 전쟁을 일으킨 사람을 처벌하는 국제법도 만들었고, 국제적으로 전쟁을 관리하는 기구도 만들었다. 전쟁에 반대하는 민간 운동도 늘어났다. 전쟁이 한꺼번에 수천만 명을 희생시킬 만큼 커지자 평화를 만들어내려는 노력도 커져 갔던 것이다. 그러나 한국 전쟁이나 베트남 전쟁처럼 국지적으로 많은 나라가 참여하는 큰 전쟁은 적지 않게 일어났다. 한국 전쟁을 불러온 자본주의와 사회주의의 냉전이 끝난 뒤에도 세계 곳곳에는 전쟁과 테러가 끊이지 않고 있다. 남북 대치 상태가 계속되고 있는 한국조차 동티모르, 이라크 등지에 병력을 파견할 정도이다. 그에 따라 한국에서도 세계의 흐름에 발맞추어 전쟁을 제어하고 평화를 창조하려는 노력이 날로 커져 가고 있다. 21세기에는 이러한 전쟁과 평화 사이의 '전쟁' 이 치열하게 벌어질 것이다.

'똑똑한 폭탄(스마트탄)' 으로 불리는 초정밀 유도탄

【찾아보기】

ㅂ

ㅅ

ㅇ

ㅈ

ㅊ

ㅋ

ㅌ

ㅍ

ㅎ

자료 제공

타이틀 _ 이현주 / 아바타 디자인 _ 김보연 / 13 어린이박물관 _ 국립중앙박물관 / 19 송국리 선사 유적_국립부여박물관 / 20 송국리형 토기 _ 국립부여박물관 / 21 불탄 쌀 · 송국리 집자리 · 돌검 _ 국립부여박물관 / 22 청동 검 _ 국립김해박물관 / 25 돌화살촉 _ 국립부여박물관 / 27 집자리_국립중앙박물관 / 27 진나라 병사 인형 _『夢幻的軍團』/ 32 평양성 석각 _『조선유적유물도감』/ 33 수나라 병사 인형 _『中國古代軍戎服飾』/ 34「적벽도」_ 국립중앙박물관 / 35 말로 돈 운반하기 _『圖說中國的文明』/ 41 수나라 청동 거울 _ 陝西歷史博物館 / 42 고구려 불상 _『조선유적유물도감』/ 43 첩보 장비 _ 육군박물관 / 46 병사 그림 _ 국립중앙박물관, 골제 찰갑 _ 부산복천박물관 / 48 말 장식 _ 국립중앙박물관 / 49 등자 _ 부산복천박물관 / 56 당나라 기수 _ 陝西歷史博物館 / 59 당나라 기병 _ 陝西歷史博物館 / 60 설인귀비 _ 조선포토뱅크 / 62 육준_碑林博物館 / 63 당나라 갑주 근위병 _『昭陵文物精華』/ 66 사다리차 _ 전쟁기념관 / 67 수노기_전쟁기념관 / 71 삼채기마용_『昭陵文物精華』, 객사도_『中國唐墓壁畵集』, 현무도 _『조선유적유물도감』/ 76「부산진순절도」_육군박물관 / 78 문경새재 _ http://new.photo.naver.com / 80 조총 _ 전쟁기념관 / 81 창 _ 서울대학교박물관 · 청주대학교박물관 / 82 율곡 이이 초상 _ 강릉오죽헌시립박물관 / 83『교린지』_ 국립중앙박물관 / 84 별승자총통_ 국립청주박물관 / 88 사무라이 검 _http://www.gungfu.com / 89 갑주 _ 전쟁기념관 / 90 장검_현충사 / 93『난중일기』_ 현충사 / 100 승자총통과 화약통 _ 국립중앙박물관 / 102~103 수군조련도 _ 국립중앙박물관 / 105『회본태합기』_ 국립진주박물관 / 106 지자총통 · 별황자총통 _ 국립중앙박물관, 현자총통 _ 국립광주박물관 / 107 천자총통 _ 전쟁기념관 / 110「팔사품도 병풍」_ 국립중앙박물관 / 112~113「평양성 탈환도 병풍」_ 국립진주박물관 / 114 토요토미 히데요시 _ 일본 오사카시립박물관,「동래부사 순절도」_ 육군박물관, 서산대사 영정 _ 국립중앙박물관, 투구와 갑옷 _ 국립경주박물관, 선조 어보 _ 국립고궁박물관, 선조국문교서 _ 권이도 · 부산시립박물관 / 115 사명대사 _ 원광대학교박물관,「북관유적도첩」· 승장인 _ 고려대학교박물관,『분충서난록』_ 표충사, 호준포 _ 국립중앙박물관 / 116 명나라 황제가 토요토미를 일본 왕에 책봉하는 글 _ 일본 오사카시립박물관, 철환과 비격진천뢰 _ 국립진주박물관, 대완구 _ 국립중앙박물관 / 117 토요토미 히데요시의 절명시 _ 일본 오사카성 천수각, 조선 백자 _ 국립진주박물관, 청나라 군복 _『中華文明傳眞』/ 121 서해 교전 _ 연합포토 / 122~123 서해 _ 시몽 / 126 바퀴날도끼 _ 강원대학교 박물관, 톱니날도끼 _ 국립춘천박물관, 비파형 동검 _ 육군박물관, 청동꺾창 _ 국립경주박물관, 발해 투구_전쟁기념관 / 127 신라의 창 _ 국립경주박물관, 환두대도 _ 부산복천박물관, 방패 꾸미개 _ 국립중앙박물관, 화살통 _ 부산복천박물관 / 128 해마기 · 경번갑주 · 편곤 _ 전쟁기념관, 언월청룡도 _ 서울대학교박물관, 「고려척경입비지도」 _ 고려대학교박물관 / 129 화살집 _ 전쟁기념관, 예궁 _ 육군박물관, 「장양공정토시전부호도」 _ 육군박물관, 팔만대장경_국립중앙박물관, 총통_『中國通史隊列』 / 130 중포 · 독립군 소총과 권총 · 독립군 모자 · 36인치 로켓포 _ 전쟁기념관, 십연자포 _ 국립중앙박물관 / 131 폭탄 · 스미스부대기 · 중국군 기장 · 국군 모자 · 남북한 경기관총 _ 전쟁기념관 / 132 바그다드 폭격 · 반전시위 _ 위키피디아 / 133 스마트탄 _ 연합포토

* 웅진주니어는 이 책에 실린 모든 자료의 출처를 찾기 위해 최선을 다했습니다.
누락이나 착오가 있으면 다음 쇄를 찍을 때 꼭 수정하도록 하겠습니다.

BACK